Allegria

Die Autorin

Doreen Virtue arbeitet als Therapeutin und mediale Lebensberaterin in Kalifornien. Seit einigen Jahren setzt sie dabei auch ihre Verbindung zum Reich der Engel ein. Sie ist in den USA u. a. durch viele Fernsehauftritte bekannt und gibt regelmäßig Workshops, auch in Europa, in denen sie die von ihr entwickelte Engel-Therapie unterrichtet. Ihre zahlreichen Lebenshilfe-Bücher sind bereits in 14 Sprachen erschienen. Weitere Informationen zu ihrer Arbeit finden Sie unter: www.angeltherapy.com.

Von Doreen Virtue sind in unserem Haus erschienen:

*Die Engel-Therapie (Allegria) – Chakra Clearing (Allegria) –
Engel-Notruf (Allegria) – Feen-Notruf (Allegria)*

*Alles über Erzengel – Das hungrige Herz – Erzengel Raphael –
Erzengel Michael – Der Tempel der Engel – Medizin der Engel –
Erzengel und wie man sie ruft – Botschaft der Engel – Die Zahlen
der Engel – Die Heilkraft der Engel – Die Heilkraft der Feen –
Engel-Gespräche – Neue Engel-Gespräche – Engel der Erde –
Dein Leben im Licht – Das Heilgeheimnis der Engel –
Zeit-Therapie – Kristall-Therapie – Engel-Hilfe für jeden Tag –
Die neuen Engel der Erde – Der Hunger nach Liebe*

*Meditationen zur Engel-Therapie (CD) – Rückführung mit den
Engeln (CD) – Erzengel Michael (CD) – Das Geschenk der Engel
(CD) – Medizin der Engel (CD) – Die Engel von Atlantis (CD) –
Die Engel der Liebe (CD) – Heilkraft der Engel (CD) –
Himmlische Helfer (CD) – Heilgeheimnis der Engel (CD)*

*Das Engel-Therapie-Orakel (Kartendeck) – Das Engel-Orakel für
jeden Tag (Kartendeck) – Das Heil-Orakel der Feen (Kartendeck) –
Das Erzengel-Orakel (Kartendeck) – Das Erzengel Michael-Orakel
(Kartendeck) – Das Heil-Orakel der Engel (Kartendeck) – Das
Orakel der himmlischen Helfer (Kartendeck) – Das Einhorn Orakel
(Kartendeck) – Magisches Orakel der Feen (Kartendeck)*

Angel Reading (DVD)

DOREEN VIRTUE

Alles über Erzengel

Der kleine Führer der himmlischen Helfer

Aus dem Amerikanischen
von Angelika Hansen

Ullstein

Besuchen Sie uns im Internet:
www.ullstein-taschenbuch.de

Allegria im Ullstein Taschenbuch
Herausgegeben von Michael Görden

Die Originalausgabe ARCHANGELS 101
erschien 2010 bei Hay House, Inc., Carlsbad, USA

Ullstein Taschenbuch ist ein Verlag der
Ullstein Buchverlage GmbH
Erstausgabe im Ullstein Taschenbuch
1. Auflage Januar 2012
© der deutschsprachigen Ausgabe 2011
by Ullstein Buchverlage GmbH, Berlin
© der Originalausgabe 2010 by Doreen Virtue
Umschlaggestaltung: FranklDesign, München
Titelabbildung: Mary Baxter St. Clair
Satz: Keller & Keller GbR
Gesetzt aus der Garamond
Papier: Pamo Super von
Arctic Paper Mochenwangen GmbH
Druck und Bindearbeiten:
GGP Media GmbH, Pößneck
Printed in Germany
ISBN 978-3-548-74534-3

Für Gott,
mit Dank für die geliebten Erzengel

Inhalt

Einführung

Wer sind die Erzengel?

Das Wort Erzengel stammt von dem griechischen Begriff *archi* ab, was »erster, hauptsächlicher, wichtigster« oder »Anführer« bedeutet und *angelos*, was so viel heißt wie »Bote Gottes«. Erzengel sind also die wichtigsten Boten Gottes.

Erzengel sind äußerst machtvolle himmlische Wesen. Jeder von ihnen hat eine bestimmte Spezialität und repräsentiert damit einen Aspekt Gottes. Sie können sich Erzengel als Facetten auf dem Antlitz Gottes vorstellen, die kostbarsten Edelsteine im Universum. Diese Facetten oder Erzengel sind Prismen, die auf spezielle Weise göttliches Licht und Liebe für jeden Menschen auf der Erde ausstrahlen.

Die Erzengel sind Teil von Gottes ursprünglicher Schöpfung und haben schon lange vor Beginn der Menschheit oder vor organisierten Religionen existiert. Sie gehören Gott und nicht einer bestimmten Theologie an, was bedeutet, dass Erzengel mit Menschen aller Glaubensrichtungen zusammenarbeiten. Tatsächlich mit jedem, der sie darum bittet.

In Kunstwerken werden Erzengel als ideale menschliche Formen dargestellt, mit riesigen adler- oder schwanengleichen Flügeln, im Gegensatz zu künstlerischen Darstellungen von Cherubim und Babys, die alle sehr kleine Flügel haben.

In diesem Buch werde ich 15 Erzengel der monotheistischen Traditionen beschreiben, einschließlich der berühmten Engel aus der Bibel und nicht-kanonischen Büchern (wie den Schriftrollen vom Toten Meer). Ich führe nur Engel auf, die von jüdisch-christlichen Theologen anerkannt sind.

Meine Forschungen basieren auf

- der traditionellen kanonischen jüdisch-christlichen Bibel (entweder die Neue Internationale Version oder die von King James).

- den apokryphen Büchern (jene, die nicht in der traditionellen oder kanonischen Bibel enthalten sind, aber dennoch als heilige Schriften gelten), wie beispielsweise das Buch Enoch (das zunächst in äthiopischer und später in hebräischer Sprache geschrieben wurde) und das Buch Esdras.

- der mystischen Jüdischen Kabbalah (die Erzengel als Wächter des spirituellen Weges oder Baum des Lebens anerkennt), einschließlich des Zohar.

• dem monotheistischen Koran.

• den Lehren der Orthodoxen Kirchen des Ostens.

Ich habe diese Hinweise auf heilige Texte kombiniert mit den Erfahrungen und dem Wissen aus meiner eigenen jahrelangen Arbeit mit und Lehren über diese Erzengel. Wie Sie entdecken werden, gehören zu jedem Kapitel unter anderem eine oder zwei wahre Geschichten, die zeigen, auf welche Weise Erzengel in unser heutiges modernes Leben involviert sind, sowie Gebete, die sich auf die jeweilige Spezialität eines bestimmten Erzengels beziehen.

DIE NEUN CHÖRE DER ENGEL

Die *Angelologie* oder Engellehre besagt, dass es neun »Chöre« oder Abteilungen von Engeln gibt. Dazu gehören:

Seraphim. Sie sind die höchste Order der Engel und werden als besonders hell strahlend bezeichnet, da sie Gott am nächsten sind. Sie sind reines Licht.

Cherubim. In der Regel als pausbäckige Kinder mit winzigen Flügeln wie Amor dargestellt, gelten die Cherubim als zweithöchste Order der Engel. Sie sind reine Liebe.

Throne. Die Triade der Seraphim, Cherubim und Throne residiert auf der höchsten Ebene des Himmels. Throne sind die Brücke zwischen dem Materiellen und dem Spirituellen. Sie repräsentieren Gottes Fairness und Gerechtigkeit.

Herrschaften. Die Herrschaften sind die höchsten Engel der nächsten Triade, nach dem Willen Gottes die Aufseher oder sogenannte Manager von Engeln.

Tugenden. Diese Engel regulieren die Ordnung des Universums, indem sie über Sonne, Mond und Sterne sowie über alle Planeten und die Erde wachen.

Mächte. Wie der Name andeutet, besteht dieser Chor aus friedvollen Kriegern, die das Universum von niederen Energien reinigen.

Fürstentümer. Die dritte Triade setzt sich aus den Engeln zusammen, die der Erde am nächsten sind. Die Fürstentümer wachen über den Planeten, einschließlich aller Nationen und Städte, um Gottes Willen von Frieden auf der Erde zu manifestieren.

Erzengel. Diese Engel sind die Aufseher der Menschheit und ihre Schutzengel. Jeder Erzengel besitzt eine individuelle Spezialität, die jeweils einen Aspekt Gottes repräsentiert.

Schutzengel. Sie und alle Menschen haben einen individuellen Schutzengel, der Ihnen für Ihr ganzes Leben auf der Erde zugeteilt ist.

Dieses Modell der neun Engelchöre ergibt sich aus den biblischen Referenzen zu Seraphim und Cherubim, die in den Schriften des Theologen Pseudo-Dionysius im 5. Jahrhundert erweitert und anschließend durch John Miltons poetisches Werk *Das verlorene Paradies* popularisiert wurden.

INTERAKTION MIT ERZENGELN

Da Erzengel der Erde und der Menschheit so nahe sind, ist es nur natürlich, dass wir den Kontakt mit ihnen aufnehmen. Tatsächlich ist die Bibel voll mit Berichten von Menschen, die mit Michael und Gabriel kommuniziert haben. Auch heute interagieren die Erzengel mit uns in Hinblick auf Gottes Absicht universellen Friedens.

Weder beten wir zu den Erzengeln, noch beten wir sie an. Aller Ruhm gebührt ausschließlich dem Schöpfer. Wir arbeiten mit Erzengeln aus dem einfachen Grund, weil sie Gottes Geschenk für uns alle und Teil des göttlichen Plans für Frieden sind.

Warum richten wir also nicht einfach alle Fragen und Bitten direkt an Gott? Weil die Erzengel sozusagen »Verlängerungen« von Gott sind, die wir in Zeiten gro-

ßer Belastung leichter hören und fühlen können. Ihre Vibrationen sind sehr kondensiert, und sie sind fühlbar und mitunter fast greifbar. Genau wie der Anblick eines Sonnenuntergangs oder eines Regenbogens erinnern uns die Erzengel an die Liebe Gottes.

Sie müssen kein Heiliger oder braver, wohlerzogener Mensch sein, um die Hilfe der Erzengel zu erhalten. Sie schauen jenseits menschlicher Fehler und sehen das Gute in uns allen. Sie möchten Frieden auf die Erde bringen, indem sie uns allen helfen, *friedlich* und *zufrieden* zu sein. Daher ist es Teil ihrer Aufgabe, den *nicht-friedlichen* und *unzufriedenen* Menschen auf der Welt zu helfen.

Als Hologramme von Gottes Allgegenwart sind die Erzengel grenzenlose Wesen. Erinnern Sie sich an das Versprechen, das Jesus gegeben hat: »Ich bin immer bei euch«? Auch die Erzengel sind in der Lage, simultan bei jedem zu sein, der sie um Hilfe anruft.

Entscheidend dabei ist, dass die Erzengel nie Ihren freien Willen untergraben werden, indem sie ohne Ihre ausdrückliche Erlaubnis intervenieren, selbst wenn dies Sie glücklicher machen würde. Die Engel müssen warten, bis Sie ihnen auf irgendeine Art die Erlaubnis geben: durch ein Gebet, einen Hilferuf, einen Wunsch, eine Visualisierung, eine Affirmation oder einen Gedanken. Für die Erzengel spielt es keine Rolle, *wie* Sie um ihre Hilfe bitten, nur *dass Sie es tun*.

Darüber hinaus müssen Sie auch nicht befürchten, die Erzengel auf die falsche Art um Hilfe zu bitten.

Weder brauchen Sie eine spezielle Ausbildung, noch sind elegant formulierte Anrufungen von Nöten, um die Aufmerksamkeit der Erzengel zu wecken. Jede ehrlich gemeinte Bitte um Hilfe reicht aus, da die Erzengel lediglich Ihre Erlaubnis brauchen, unabhängig von der Form, in der sie erteilt wird.

Affirmative Gebete und Bittgebete eignen sich gut. Ersteres ist ein positives Statement im Hier und Jetzt oder eine Visualisierung, wie zum Beispiel: »Danke, Erzengel Michael, dass du mich beschützt.«

Und Letzteres ist eine Bitte, zum Beispiel: »Bitte beschütze mich, Erzengel Michael.« Beide Arten des Betens bringen dasselbe Resultat.

Das Gleiche gilt, wenn Sie fragen: »Sollte ich mich nicht lieber direkt an Gott wenden? Sollte ich Gott bitten, die entsprechenden Engel zu schicken? Oder sollte ich die Engel direkt anrufen?« Diese Fragen implizieren, dass es eine Trennung zwischen Gott und den Engeln gibt, was nicht der Fall ist.

Dieses Buch wird Ihnen helfen, die Spezialitäten, Charakteristika, Persönlichkeiten und Energien meiner Lieblings-Erzengel kennenzulernen. Auf diese Weise werden Sie eine engere Beziehung mit ihnen entwickeln. Je mehr Sie mit ihnen arbeiten, desto größer wird Ihr Vertrauen in sie. Sie werden größeren inneren Frieden empfinden und mit Sicherheit wissen, dass Sie in allen Situationen Ihres Lebens beschützt sind.

DIE ERZENGEL IN HEILIGEN TEXTEN

Die Erzengel sind unter anderem in folgenden spirituellen Texten beschrieben worden:

Die Bibel

Michael und Gabriel sind die beiden einzigen Erzengel, die spezifisch in der Bibel erwähnt werden. Das Buch Daniel beschreibt beide Engel, einschließlich Gabriels Hilfe bei der Interpretation von Daniels Visionen, sowie eine Erwähnung von Michael als »einer der Hauptprinzen«. Im Lukas-Evangelium erscheint Gabriel in der berühmten Ankündigung der bevorstehenden Geburt von Johannes dem Täufer und Jesus Christus: »Siehe her, ich bringe dir gute Neuigkeiten großer Freude!« Außerdem wird Michael im Brief des Judas erwähnt, als Beschützer des Körpers von Moses und in den Offenbarungen.

Apokryphale und talmudische biblische Texte

Diese spirituellen Texte, die nicht Teil der kanonischen Bibel sind, werden dennoch als heilig betrachtet und sind Teil der Bibel der östlich orthodoxen und anderer Kirchen. Das Buch Enoch spricht über die Erzengel Michael, Raguel, Gabriel, Uriel und Metatron. Das Buch Tobias berichtet, wie Erzengel Raphael Tobias auf seinen Reisen geführt und ihm geholfen hat, heilende Salben für Tobit, seinen kranken Vater, anzurühren. Das 2. Buch Esdras (von der koptischen Kirche anerkannt) verweist auf Erzengel Uriel und nennt ihn den »Engel der Errettung«.

Der Koran
Die islamischen Schriften wurden Mohammed von Erzengel Gabriel (Jybryil) enthüllt. Der Koran und muslimische Traditionen beschreiben Erzengel Michael (Mikaaiyl), Raphael (Izrafel) und Azrael (Izrael).

WIE VIELE ERZENGEL GIBT ES?

Die Antwort hängt davon ab, wen Sie fragen.

Traditionell denken die Menschen dabei an das Quartett von Michael, Raphael, Gabriel und Uriel. Wie ich jedoch bereits erwähnt habe, werden nur zwei von ihnen namentlich in der traditionellen Bibel erwähnt. Muslime halten dagegen, dass es vier Erzengel gibt: Gabriel, Michael, Azrael und Raphael.

Die Offenbarungen in der Bibel sprechen von sieben Erzengeln, und im nicht-kanonischen Buch Tobias sagt Raphael, dass er »einer von sieben« ist. Auch die Gnostiker verehrten sieben Erzengel. Historiker glauben, dass die Nummer Sieben auf die Verbindung von Religion und Astronomie der Babylonier zurückzuführen ist, mit Reverenz für die mystischen Kräfte der sieben Planeten.

Welche sieben Erzengel damit gemeint sind, ist von Quelle zu Quelle unterschiedlich. Ganz zu schweigen davon, dass der Name eines jeden Erzengels unterschiedlich buchstabiert und betont wird.

In der jüdischen Kabbalah repräsentieren zehn Erzengel jeweils einen der *Sephiroth* oder *Aspekte* Gottes.

Aus diesem Grund kann die Frage, wie viele Erzengel es gibt, verwirrend und subjektiv sein. Ich habe während der Arbeit an meinem Buch *Die Erzengel und wie man sie ruft* versucht, diese Frage zu meiner eigenen Zufriedenheit zu beantworten. Meine Methode bestand darin, soviel wie möglich über die Erzengel zu lernen und dann mit jedem einzelnen Kontakt aufzunehmen und zu interagieren. Die 15 Erzengel, die ich problemlos erreichen und erforschen konnte und die Gottes reine Liebe und Licht ausstrahlten, sind in dem oben genannten Buch enthalten – und in diesem.

In Wahrheit gibt es Legionen von Erzengeln, die uns hier auf der Erde helfen. Tatsächlich geht zum Beispiel die russisch orthodoxe Theologie davon aus, dass ihre Zahl in die Tausende geht. Ich hoffe und bete darum, dass wir unvoreingenommen und aufgeschlossen bleiben und vertrauenswürdige Erzengel in unserem Kreis spiritueller Freunde willkommen heißen.

Wenn Sie sich Sorgen machen bezüglich niederer Energien, möchte ich Sie beruhigen und Ihnen sagen, dass es für irgendwelche angstbasierten physischen oder spirituellen Wesenheiten völlig ausgeschlossen ist, die tiefgreifende heilende Liebe und das Licht zu imitieren, das von unseren geliebten Erzengeln Gottes ausstrahlt.

Darüber hinaus können Sie Gott, Jesus und Erzengel Michael bitten, Sie vor niederen Energien zu beschützen, und sie werden mit Freuden dafür sorgen, dass Sie nur von Lichtwesen umgeben sind.

Ja, es gibt angstbasierte spirituelle Wesen von niederer Energie, die von manchen als »Engel« bezeichnet werden, aber in Wahrheit erdgebundene Seelen sind.

Zum Beispiel wurde einst ein »Erzengel« namens Samael »Engel des Lichts« oder »Lichtbringer« genannt. Doch dann verlor Samael sein Licht, und er wurde rachsüchtig und finster. Dies scheint die Basis der Ideologie über Luzifer zu sein, die in der Bibel zwar keine spezifische Erwähnung findet, jedoch im Bereich der Mythologie und Legenden diskutiert wird.

In diesem Buch habe ich mich von den dunklen »Engeln« der Okkultisten fern gehalten, einschließlich jener, die angeblich mit König Salomon assoziiert sind. Die okkulten Legenden behaupten, dass Salomon seinen magischen Ring mit dem eingeprägten Stern Davids benutzt habe, um die Dämonen zu kontrollieren, die seinen Tempel bauten. Diese 72 Dämonen werden hier und da als eine Liste von Engelnamen präsentiert, doch es handelt sich nicht um Engel. Diese sogenannten *Solomonic Lesser and Greater Keys*-Lehren bringen dunkle und nicht vertrauenswürdige Energie ins Spiel. (Übrigens glaube ich persönlich nicht, dass der gütige König Salomon mit niederen Energien gearbeitet hat.)

Manche Okkultisten rufen in angstbasierten Zeremonien die Namen der heiligen Erzengel Michael, Raphael,

Gabriel und Uriel an. Mein Rat: Halten Sie sich von jeder Religion oder spirituellen Praxis fern, die auf Angst oder Schuld basiert. Bleiben Sie stets in Kontakt mit den wahren Engeln von Gottes Licht und Liebe – sie sind es, die Ihnen den Frieden und das Glück bringen, das Sie verdienen.

Die häufigste Reaktion von Personen, die mit den Erzengeln zu arbeiten beginnen, lautet: »Sie haben mein Leben zum Besseren verändert!«

Die Menschen werden glücklicher, gesünder, empfinden größeren inneren Frieden und Sicherheit als Resultat ihrer Beziehung mit diesen Himmelswesen. Die Erzengel stellen eine sehr persönliche Möglichkeit dar, sich mit Gottes Liebe und Weisheit zu verbinden.

Mögen Sie in jeder Sekunde Ihres Tages auf den Flügeln der Engel getragen werden!

Doreen Virtue

DIE ERZENGEL

Michael

>*Lieber Erzengel Michael,*
danke, dass du mich und meine Lieben beschützt.
Danke, dass du über uns, unser Zuhause und
unseren Besitz wachst.
Danke, dass du mir den Mut und das
Vertrauen gibst, meine göttliche Lebensaufgabe
jetzt und in Zukunft auszuführen.«

Michael ist auch bekannt als: Saint Michael, Mikael, Miguel, Mika'il, Mikha'el, Beshter und Sabbathiel.
Michaels Name bedeutet: »Er, der wie Gott ist«.

Michael ist wahrscheinlich der berühmteste aller Erzengel. Er ist heilig gesprochen worden, Kirchen wurden nach ihm benannt, er spielt eine wichtige Rolle in der Bibel und anderen heiligen Texten, und zahllose Männer weltweit tragen seinen Namen.

In der Kunst wird Michael seit jeher als ein muskulöser, athletischer Erzengel mit äußerst kraftvollem Gesichtsausdruck und machtvoller Körpersprache dargestellt. Auf Gemälden erhebt er in der Regel ein Schwert über der Gestalt eines hingestreckten Dämonen. Damit wird Michaels wichtigste Aufgabe, der Sieg über Ego und Angst, angedeutet.

Sein Schwert ist in Wahrheit aus Licht gemacht und nicht aus Metall, und er wendet es an, um uns aus den Klauen der Angst zu befreien. Michael weiß, dass die Abwesenheit von Angst zu innerem und äußerem Frieden führt.

Manche Menschen glauben, dass Michael und Jesus ein und derselbe Sohn Gottes sind, weil ihre Missionen einander so sehr ähneln. Ich habe festgestellt, dass die beiden sehr eng zusammenarbeiten, jedoch ihre unterschiedlichen Persönlichkeiten beibehalten. Bei meinen außersinnlichen Nachforschungen bezüglich der Geschichte der Erzengel fand ich Beweise dafür, dass Jesus und Michael zusammengewirkt haben, als Menschen die Erde zu bevölkern begannen. Sie sind immer hier auf der Erde gewesen, und sie werden es immer sein ... uns alle und den Planeten beschützend.

Michael ist einer der zwei Erzengel, die in der kanonischen Bibel genannt werden (der andere ist Gabriel). Im Buch Daniel gibt sich Michael dem Propheten Daniel als der Beschützer Israels zu erkennen. In Judäa beschützte Michael den Körper von Moses, und in den Offenbarungen des Johannes bekämpfte und besiegte er Drachen (das historische Symbol für das Böse oder Ego). In dem apokryphalen Buch Enoch wird Michael »Prinz von Israel« genannt, der den Propheten Enoch lehrt und beschützt.

Jüdische Traditionen behaupten, dass Michael Abraham erschienen ist; dass er der Engel war, der Moses half, die Tafel mit den Zehn Geboten entgegenzunehmen; und dass er intervenierte, um das Leben von Isaak und Jakob zu retten.

Die katholische Kirche lehrt, dass Michael zum Zeitenende den Antichrist besiegen wird. Aufgrund seiner wunderbaren Interventionen verehrt die katholische Tradition den Erzengel und ernannte ihn zum Schutzpatron von Polizisten und anderen Rettungskräften.

Außerdem ist Michael der Schutzpatron der Kranken und wird seit jeher als großer Heiler betrachtet. Er wird häufig gemeinsam mit Jesus, Raphael und anderen Heiligen angerufen, die mit der Heilung physischer Krankheiten assoziiert sind.

Jeder Erzengel hat eine Spezialität, und einige, so wie Michael, haben mehrere.

Zu Michaels Spezialitäten gehören:

SCHUTZ

Als Verteidiger von allem, was rein ist, ist Michael die Verkörperung von Stärke und Heldenmut. Er greift auf wundersame Weise ein, um Leben zu retten und unsere Körper, Angehörigen, Besitztümer und unseren guten Ruf zu beschützen.

Ein Offizier der Air Force namens Earl T. Martin ist heute am Leben, weil er Michaels verbale Warnung gehört und befolgt hat.

Earl war in einem Air Force-Camp in Alaska. Als er sich in seinem Notzelt ein wenig ausruhen wollte, hörte er eine klare männliche Stimme, die ihm sagte: »Leg dich nicht so hin, dass dein Kopf in diese Richtung zeigt. Dreh dich sofort in die entgegengesetzte Richtung um und zögere nicht.«

Earl folgte Michaels Anweisung und nahm die empfohlene Position ein. Eine Sekunde später hörte er einen Schuss und fühlte einen stechenden Schmerz an seinem Fußgelenk. Einer seiner Kameraden hatte aus Versehen diesen Schuss losgelassen, der Earls Knöchel schleifte. Wenn Earl nicht Michaels Warnung befolgt hätte, hätte der Schuss seinen Kopf getroffen!

Schutz im Auto

»Danke Erzengel Michael,
dass du sowohl mein Auto und jeden darin
beschützt als auch alle anderen, die um uns
herumfahren und zu Fuß unterwegs sind.«

Ich habe viele Berichte darüber gehört und gelesen, wie Michael einen Autofahrer vor einem potenziellen Unfall gerettet hat, wie zum Beispiel in Hilda Blairs Geschichte.

Jeden Morgen bittet Hilda Erzengel Michael, sie zu beschützen, vor allem wenn sie im Auto unterwegs ist. Eines Morgens erfuhr sie am eigenen Leib das Resultat ihrer Gebete und Michaels Schutz. Hilda befand sich in ihrem kleinen Auto auf einer viel befahrenen Landstraße, als ein riesiger weißer Laster vor ihr langsam auf die linke Spur überwechselte. Also beschloss Hilda, einen Zahn zuzulegen und den frei gewordenen Raum zu nutzen. Doch als sie gerade dazu ansetzte, hörte sie eine Stimme sagen: »Bleib da, wo du bist. Fahr nicht schneller. Er wird seine Meinung ändern.« Hildas erster Gedanke war, dass diese Stimme sich irrte, denn sie sah, dass der Laster weiterhin auf die linke Fahrbahn überwechselte.

Doch im nächsten Moment setzte er auf die rechte Seite zurück, genau vor Hildas Auto. Wäre sie schneller gefahren, wäre sie mit dem Laster zusammengestoßen! Sie dankte Michael für seinen Schutz und war froh, dass sie seine Warnung befolgt hatte.

Hildas und Earls Geschichten illustrieren die Art und Weise, wie Michael uns beschützt, indem er genaue Führung anbietet, die wir als körperlose männliche Stimme wahrnehmen. Er sagt uns nur soviel, wie wir hören müssen, wie zum Beispiel: »Wechsele sofort die Fahrbahn«. Wenn Sie diese Stimme hören, folgen Sie ihren Anweisungen.

Wenn Sie in ein Auto steigen, sollten Sie jedes Mal Michael um Schutz bitten, so wie Hilda es getan hat. Vergessen Sie nicht, dass die Erzengel nur dann intervenieren können, wenn Sie sie um ihre Hilfe bitten.

Auch eine andere Frau namens Suzie O'Neill machte die wunderbare Erfahrung, dass ihr Leben gerettet wurde, weil sie Michael um seinen Schutz bat, bevor sie losfuhr.

Suzie und ihre Tochter waren auf einer Landstraße in Kalifornien unterwegs, als sie sah, wie ein Wagen vor ihr ins Schleudern geriet. Die Zeit schien sich zu verlangsamen, als Suzie beobachtete, wie die Stoßstange des Wagens direkt auf sie zugeschossen kam. Im nächsten Augenblick hörte er zu schleudern auf, und es kam zu keinem Unfall.

Suzies Tochter, skeptisch bezüglich Engel und Wunder, fragte: »Hast du das gesehen?« Doch Suzie wusste, was passiert war, weil sie um Michaels Schutz gebeten hatte, bevor sie und ihre Tochter losgefahren waren. Als sie anhielten und ein Mann herbeieilte, um zu sehen, ob alles in Ordnung war – und dann wieder spurlos verschwand – wusste Suzie, dass auch in diesem Fall Michael über sie beide gewacht hatte. Wahrscheinlich ist Suzies Tochter nicht länger skeptisch, was die wunderbaren Kräfte und Methoden des Erzengels betrifft, wenn es darum geht, Menschen zu beschützen.

Diejenigen unter uns, die eine Engelerfahrung hatten, *glauben* nicht mehr länger einfach nur daran, sondern *wissen* ohne den geringsten Zweifel, dass Michael unser Leben von einer Sekunde zur anderen retten kann, unabhängig von den Umständen.

Sollten Sie mal vergessen haben, Michael um seinen Schutz zu bitten, bevor Sie in Ihr Auto steigen (oder irgendeine andere Form von Transportmittel), können Sie auch in einer bereits eingetretenen Krise um seine Hilfe bitten. Ich bewundere Menschen wie Amanda

Peart in der folgenden Geschichte, die das Zeug hatte, in einer Notsituation Michael anzurufen, in der die meisten Menschen einfach nur geschrien oder Kraftausdrücke benutzt hätten.

Als ein Mann in einem kleinen blauen Auto um Haaresbreite in Amandas Wagen krachte, war sie wie gelähmt vor Schreck. Im nächsten Moment begann er, Amanda aus seinem Fenster heraus anzubrüllen und versuchte, ihr auszuweichen. Sie erkannte schnell, dass der Mann einen Anfall von »Road Rage« hatte und die Gefahr bestand, dass er sie in einen Unfall verwickelte. Sie sagt: »Es war viel Verkehr, und ich war sicher, dass er mich umbringen würde.«

Sobald sie sich der Gefahr bewusst wurde, in der sie sich befand, rief Amanda Erzengel Michael um seinen Schutz an. Plötzlich erschien ein weißer Lieferwagen neben ihr, buchstäblich aus dem Nichts. Er fuhr rechts rüber und brachte sich auf diese Weise zwischen ihr Auto und das blaue. Dort blieb er und schützte Amandas Wagen so vor der unverantwortlichen Fahrweise des wütenden Mannes. Irgendwann verließ der weiße Lieferwagen die Autobahn. Doch er blieb so lange in Amandas Nähe, bis sie beinahe zu Hause war.

Jener weiße Lieferwagen war ein Engel, und ich habe ähnliche Berichte gelesen, wo ein mysteriöses Vehikel (in der Regel himmlischen Ursprungs) auftaucht, um in potenziell gefährlichen Verkehrssituationen zu beschützen oder mit seinen Scheinwerfern Licht zu spenden.

Viele Geschichten über Erzengel Michael haben mit Autos zu tun wie beispielsweise Rettungswagen und Busse, die auf wundersame Weise rechtzeitig eintreffen, um jemandem zu helfen ... und danach spurlos verschwinden.

Erzengel Michael kann Sie jedes Mal beschützen, wenn Sie in Ihr Auto, ein Boot, ein Flugzeug oder einen Zug steigen. Alles, was Sie tun müssen, ist, ihn darum zu bitten.

Schutz von Eigentum

»Lieber Erzengel Michael, bitte wache über mein Haus und mein Eigentum und hilf mir, mich sicher und beschützt zu fühlen.«

Die Engel beschützen unsere Besitztümer, um uns zu helfen, inneren Frieden zu erlangen. Sie wissen um den Stress, der darauf zurückzuführen ist, dass wir uns Sorgen wegen der Sicherheit unserer persönlichen Gegenstände machen, daher übernehmen sie gerne diese Aufgabe und wachen über diese Dinge. Schließlich sind die Engel unbegrenzte Wesen, und ihr Schutz für unser Eigentum hält sie nicht von anderen lebenswichtigen Aufgaben ab.

Da Erzengel Michael unser wichtigster Beschützer ist, ergibt es Sinn, dass er auch mit dem Schutz unseres Eigentums zu tun hat. (Noch einmal: Diese Rolle hält ihn nicht von dringenderen Aufgaben ab, da Michael allgegenwärtig ist.) Hier ist ein typisches Beispiel dafür:

Carmen Carignan war im Shuttle-Bus vom Flughafen nach Hause unterwegs, als sie zu ihrem Entsetzen merkte, dass sie ihren Koffer (der die Geschenke für ihre Kinder enthielt) am dicht gedrängten Taxistand vor dem Flughafen stehen gelassen hatte. Sofort bat sie Erzengel Michael, ihren Koffer mit seinem schützenden goldenen Licht zu umgeben. Als sie zum Terminal zurückkehrte, stand der Koffer noch immer da, wo sie ihn stehen gelassen hatte. Carmen sagt: »Die Menschen kamen und gingen, aber niemand schien den Koffer zu bemerken! Als wäre er in einen unsichtbaren Umhang gehüllt, und niemand hatte ihn auch nur berührt! Ich war so erleichtert und dankte Erzengel Michael aus ganzem Herzen für seinen schützenden Beistand.«

Spiritueller Schutz

»Lieber Erzengel Michael, bitte umgib mich,
meine Angehörigen und mein Zuhause mit
deinem königlichen violetten Licht, um alle
niederen Energien zu zerstreuen und fernzuhalten.
Ich bitte dich um klare Führung, auf dass ich nur
mit ehrlichen und integeren Menschen zu tun habe.«

Erzengel Michael ist der oberste Beschützer, der uns vor allen Auswirkungen der Angst und angstbasierten

Energien bewahrt. Schließlich ist diese negative Emotion die treibende Kraft hinter allem, das in dieser Welt nicht gut ist. Ohne Angst zu leben bedeutet, in Frieden zu leben.

Michael wird Sie vor niederen Energien beschützen, wenn Sie ihn darum bitten. Wie der Rauswerfer in einem Nachtclub kann er angstbasierte Wesenheiten, Erfahrungen und Menschen von Ihnen fernhalten.

Es gibt allerdings ein paar Voraussetzungen: 1) müssen Sie um seine Hilfe bitten, wie ich bereits mehrfach betont habe; und 2) müssen Sie auf die intuitiven Gefühle hören, die Sie wie eine rote Fahne warnen, wenn Sie in der Nähe einer Person oder Situation mit niederer Energie sind.

Wenn Ihr Bauchgefühl Ihnen sagt, dass mit einer Beziehung oder einer Situation irgendwas nicht stimmt, vertrauen Sie diesem Gefühl. Es ist die Art, wie Ihr Körper, Ihr höheres Selbst, Erzengel Michael und Gott Sie warnt. Und wenn das eintritt, können Sie Michael bitten, Sie aus der Situation hinauszuführen. Ich kann diesen Punkt nicht stark genug betonen.

Wenn Eltern mich fragen, wie sie ihren sensitiven Kindern helfen können, besser zu schlafen, rate ich ihnen immer, sich an Erzengel Michael zu wenden. Außerdem ist es eine gute Idee, wenn Sie Ihren Kindern zeigen, wie sie ihn um Hilfe bitten können, wann immer sie eine extra Dosis Mut oder Trost brauchen.

Als Jill Gunthers fünfjährige Tochter nicht einschlafen konnte, kam ihnen Erzengel Michael zu Hilfe. Jill wusste, dass es im Schlafzimmer ihrer Tochter niedere Energien gab, weil es dort immer kalt war und sie Albträume hatte, wann immer sie mit ihrem Kind in diesem Zimmer schlief. Es ist Jill hoch anzurechnen, dass sie ihren Gefühlen vertraute und ein neues Haus suchte.

Doch selbst nachdem die Familie umgezogen war, wurde das Schlafzimmer ihrer Tochter immer noch von diesen Energien heimgesucht. Sie erkannte, dass ihre hoch sensitive Tochter bedürftige Geister anzog.

Also ging Jill zu einer Engel-Therapeutin, die Erzengel Michael bat, die Schnüre der Angst zu durchtrennen und die Energie für sie, ihre Tochter und jeden Raum in ihrem Haus zu klären. Dies war Jills erste spirituelle Erfahrung, und sie empfand auf Anhieb ein Gefühl inneren Friedens.

Seit jenem Tag schläft Jills kleine Tochter immer gut und hat keine Angst mehr vor dem Zubettgehen. Die Temperatur des Schlafzimmers ist jetzt die Gleiche wie im Rest des Hauses. Und Jills Tochter weiß, dass sie sich an Erzengel Michael wenden kann, wann immer sie seine Stärke und seinen Schutz braucht.

Und auch Erwachsene brauchen Schutz. Wenn jemand wütend oder eifersüchtig auf Sie ist, kann es sein, dass der Betreffende Sie »außersinnlich attackiert« und Ihnen entsprechende Energien schickt. In der Regel ist sich der Angreifer nicht der Macht bewusst, die seine oder ihre dunklen Emotionen haben. Es ist, als würde jemand Feuerbälle entgegenschleudern, wenn er einem anderen intensive Gefühle von Wut, Hass oder Eifersucht sendet.

Wenn Sie einen plötzlichen scharfen Schmerz spüren, könnte dies ein Zeichen sein, dass Sie von jemandem psychisch attackiert werden. Selbst unsere Angehörigen greifen uns zuweilen ungewollt an. Tatsächlich kann es passieren, dass Sie sich sogar *selbst* mit lieblosen Gedanken attackieren.

Erzengel Michael kann auf Sie abgezielte psychische Attacken abfangen, Sie vor weiteren Angriffen dieser Art schützen und die Energie und Auswirkungen von Attacken beseitigen, die Sie vielleicht schon getroffen haben.

Eine Frau namens Gladys wurde seit ihrer Kindheit von dunklen Energien und außersinnlichen Attacken geplagt. Wenn diese Situation eintrat, war ihr Kopf sofort von beunruhigenden und zudringlichen Gedanken erfüllt. Gladys versuchte alles Mögliche, um sich zu schützen und diese Energien zu beseitigen, doch erst als sie etwas über Erzengel Michael las und ihn bat, immer an ihrer Seite zu sein, fand diese Qual ein Ende.

Gladys sagte mir: »Die Attacken sind vorbei. Erzengel Michael ist ein wundervoller Freund. Seit er bei mir ist, fühle ich eine Erhöhung meiner eigenen Vibration.«

Schutz von Job und Ansehen

*»Erzengel Michael, danke, dass du meine Karriere
und mein Ansehen vor niederen Energien schützt.
Bitte führe meine Handlungen, damit sie höchste
Integrität und meinen spirituellen Weg widerspiegeln.«*

Erzengel Michael beschützt uns in vieler Hinsicht, auch im Bereich unseres Ansehens und unserer Karriere, wie Carol Clausen erfuhr.

Carol war auszubildende Lehrerin, als sie sich eines Tages mit einem ethischen Dilemma konfrontiert sah: Die Lehrerin, mit der sie in der Klasse zusammenarbeitete, musste nach Hause gehen, um sich um ihr eigenes Kind zu kümmern. Das jedoch bedeutete, dass Carol die Kontrolle hatte, was einer Lehrerhilfskraft gesetzlich nicht erlaubt war, da sie noch keine Lehrerlaubnis hatte. Sie befürchtete, dass ihr guter Ruf Schaden nehmen und sie später ihre Lehrerlaubnis nicht bekommen würde, falls sie sich einverstanden erklärte, die Klasse ohne Erlaubnis zu überwachen.

Also bat Carol Erzengel Michael, ihren Job und ihr Ansehen zu schützen, indem er einen ausgebildeten Lehrer schickt. Sie hatte ihr Gebet kaum beendet, als sie eine Stimme in ihrem Inneren hörte, die sagte: *Lies den Namen auf der Mappe auf dem Stuhl, wo du deinen Mantel abgelegt hast!* Carol lüftete ihren Mantel und unterdrückte einen kleinen Schrei des Entzückens, als sie den Namen auf der Mappe las: »Mike'l Archangel«!

Dank dieses Zeichens war Carol sicher, dass ihr Gebet gehört und beantwortet worden war. Und tatsächlich, einen Moment später schickte die Direktorin eine andere Lehrerin, um die Klasse für den Rest des Tages zu unterrichten.

Führung bei der Lebensaufgabe

»Erzengel Michael, welche Änderungen sollte ich jetzt in meinem Leben vornehmen? Bitte führe mich klar und deutlich auf dem Weg zu meiner Lebensaufgabe.«

Erzengel Michael hat seit ewigen Zeiten, lange bevor Menschen den Planeten zu bevölkern begannen, Gottes Mission auf der Erde überwacht, und er wacht liebevoll über unsere göttliche Lebensaufgabe. Michael ist eine Art Aufseher und Manager, der stets alle Unterlagen zur Hand hat, und er hilft Ihnen (und jedem anderen) zu erkennen, was Ihre Lebensaufgabe ist. Darüber hinaus führt er Ihren nächsten Schritt und hilft Ihnen, wichtige Veränderungen in Ihrem Leben vorzunehmen.

Michael wird Ihre spirituell basierte Karriere führen, wenn Sie ihn darum bitten, so wie es Melanie Orders tat. Melanie hasste ihren Job als Flughafen-Köchin, vor allem deshalb, weil sie jeden Tag um drei Uhr früh anfangen musste. Sie hatte eine Ausbildung als Massage-Therapeutin abgeschlossen und träumte davon, dies zu ihrem Vollzeitberuf zu machen. Doch hatte sie noch keinerlei Schritte unternommen, um diesen Traum in die Tat umzusetzen.

Dann erfuhr Melanie, dass Erzengel Michael ihr bei ihrem Wunsch helfen konnte. Also bat sie ihn, ihr zu helfen, ihren Job als Köchin aufzugeben und Klienten für ihre Massagen zu finden. Dieses Gebet hatte eine umgehende Wirkung! Am gleichen Tag hatte ein Kollege von Melanies Mann ihn gefragt, ob er eine gute Massage-Therapeutin kennt. *Voilà!* Melanie hatte ihren ersten Klienten.

Es dauerte nicht lange, und Melanie erhielt aufgrund von Weiterempfehlungen immer mehr Anfragen. Ihre Praxis weitete sich aus, und sie war in der Lage, ihre Arbeitsstunden am Flughafen zu reduzieren. Melanie dankte Erzengel Michael und bat ihn weiterhin, ihr zu helfen, Massage zu ihrem Ganztagsjob zu machen.

Kurz nachdem sie diese Bitte geäußert hatte, bekam Melanie weitere synchronistische Gelegenheiten, um Menschen zu massieren. Außerdem fand ihr Mann eine wundervolle Massagepraxis zur Miete, was Melanie in die Lage versetzte, eine Vollzeitpraxis zu eröffnen und ihren Job am Flughafen aufzugeben.

Melanie arbeitet nach wie vor mit Erzengel Michael, um die Energie in ihrer Praxis zu klären und Vertrauen in ihre Fähigkeit zu gewinnen, ihren Klienten himmlische Massagen angedeihen zu lassen.

Dank Erzengel Michael ist alles, wofür sie gebetet hatte, wahr geworden.

Auch Sie können ähnlichen Erfolg haben, indem Sie sich mit Erzengel Michael zusammentun. Und dafür müssen Sie ihn lediglich um seine Hilfe und Führung bitten. Vergessen Sie nicht, dass Melanie umgehend Erfolg hatte, weil sie sich vollkommen klar darüber war, was sie wollte.

Falls Ihre Gebete blockiert zu sein scheinen oder sich nicht auf Anhieb erfüllen, liegt das eventuell daran, dass Sie nicht sicher sind, um was Sie bitten sollen. Oder vielleicht ändern Sie Ihre Absicht ständig. Je klarer Sie mit Michael sind, desto schneller wird sich Ihr Traum manifestieren.

Wenn Sie Klarheit bezüglich Ihrer Lebensaufgabe oder Karriere brauchen, empfehle ich Ihnen, einen Stift und ein Blatt Papier zu nehmen und sich an einen ruhigen Ort zu begeben, wo Sie eine Weile ungestört sind. Schreiben Sie eine Frage für Erzengel Michael auf. Dann notieren Sie die Antwort, die in Form eines Gedankens, Gefühls, Worten oder Visionen kommt.

Schreiben Sie diese Eindrücke auf, auch wenn Sie sie nicht verstehen oder meinen, sie wären bloße Einbildung (sie sind es nicht). In diesem schriftlichen »Interview« mit Erzengel Michael werden Sie detaillierte Führung bezüglich Ihrer Karriere oder des Themas erhalten, dem Ihre Frage gilt.

Außerdem können Sie Michael bitten, Ihnen Führung zu geben, während Sie schlafen. Denken Sie einfach an ein Problem, bei dem Sie gerne Hilfe hätten, und bitten Sie ihn, in Ihren Träumen zu Ihnen zu kommen. Bitten Sie darum, dass seine Traum-Führung klar ist, leicht verständlich und etwas, an das Sie sich beim Aufwachen erinnern.

BESCHAFFUNG NOTWENDIGER DINGE

*»Erzengel Michael, danke, dass du diesen
Gegenstand reparierst, damit ich ihn im Sinne
meiner göttlichen Lebensaufgabe benutzen kann.«*

Heutzutage sind wir daran gewöhnt, uns auf Computer und andere mechanische und elektronische Instrumente zu verlassen. Wenn daher etwas nicht mehr funktioniert, kann dies unsere Arbeit beeinträchtigen und unnötigen Stress verursachen. Erzengel Michael besitzt ein ausgesprochenes Talent, um diese Gegenstände wiederzubeleben, vor allem, wenn dies unsere Lebensaufgabe unterstützt oder Schutz bietet.

Zum Beispiel hatte Terrick Heckstall seit fünf Monaten immer wieder Probleme mit seinen Autoscheinwerfern, was nicht weiter schlimm war, da er nur tagsüber zur Arbeit musste und danach wieder nach Hause fuhr. Eines Tages musste Terrick jedoch wegen einer dringenden Aufgabe bis nach Sonnenuntergang im Büro bleiben. Terrick machte sich Sorgen, im Dunkeln ohne Scheinwerfer fahren zu müssen – bis ihm einfiel, Erzengel Michael und Gott um Schutz zu bitten. Kaum hatte er seine Bitte geäußert, als Terrick eine laute beruhigende männliche Stimme hörte (von der er glaubte, es sei die von Michael), die sagte: »Hab' keine Angst. Wir werden für Licht sorgen.« Einen Moment später gingen die Scheinwerfer plötzlich an, und er fuhr sicher nach Hause, illuminiert von göttlichem Licht!

Viele Menschen haben mir schon berichtet, wie Erzengel Michael auf wundersame Weise interveniert und dafür gesorgt hat, dass ihr Wagen problemlos lief. Darüber hinaus habe ich Geschichten gehört, in denen die Engel – um einen Unfall zu verhindern – dafür gesorgt haben, dass der Motor abwürgte. Michael weiß, was er tut, um uns zu beschützen.

Elizabeth Pfeiffer war mit ihrem Mann und Sohn im neuen Geländewagen mit Allradantrieb unterwegs. Als sie nach längerer Fahrt über Stock und Stein wieder auf die Landstraße einbogen, stellte Elizabeths Mann fest, dass er den Jeep nicht auf Frontantrieb zurückschalten konnte. Er drückte alle entsprechenden Knöpfe und las im Handbuch nach, was in einem solchen Fall zu tun sei, aber nichts funktionierte. Er fürchtete, die Schaltung zu ruinieren, wenn er den Wagen zu lange im Allradantrieb laufen lassen würde.

Sie befanden sich in einer einsamen Gegend ohne Tankstellen oder Reparaturwerkstätten, also beschloss Elizabeth, Erzengel Michael anzurufen, der dafür bekannt ist, solche Probleme zu lösen. Leise bat sie: »Erzengel Michael, kannst du uns helfen, den Wagen wieder auf Frontantrieb umzuschalten?«

Im nächsten Moment fuhr der Jeep wieder normal! Elizabeths Mann starrte verblüfft auf die Konsole und sagte: »Er läuft wieder richtig! Wie ist das möglich?«

Elizabeth fragte: »Hast du den Knopf gedrückt?«

Mit einem überraschten Ausdruck im Gesicht antwortete er: »Nein, ich habe gar nichts gedrückt. Das Getriebe ist von alleine wieder in den richtigen Gang gesprungen.«

Sie fuhren ein paar Kilometer und sprachen darüber, wie wundersam der Gang wieder eingerastet war, als ihr Sohn sich klar und deutlich vom Rücksitz vernehmen ließ: »Naja, ich habe Erzengel Michael gerufen, damit er uns hilft.«

Elizabeth stockte schier der Atem, und sie sagte: »Ich auch!«, woraufhin sie in die Hände klatschten und lachten, um ihr himmlisches Teamwork zu feiern.

Erzengel Michael kann jedes elektronische oder mechanische Gerät reparieren. Entweder gibt er intuitive Führung, wie Sie es selbst machen können; führt Sie zu dem richtigen Mechaniker oder Spezialisten; oder interveniert und repariert es selbst. Ich vertraue immer darauf, dass Michael weiß, was er tut und die beste Methode wählen wird, um uns zu unterstützen und zu helfen.

Als zum Beispiel die Firma, bei der Nicholas Davis arbeitete, die Arbeitsspeicher ihrer Computer upgradete, versuchten Nicholas und seine Kollegen erfolglos, einen Computer zu öffnen, der mit alten Verschlüssen fest zugeschraubt war. Was immer sie auch versuchten, nichts funktionierte, das Gehäuse ließ sich nicht öffnen.

Schließlich erinnerte Nicholas sich an seine früheren Erfolge, als er Erzengel Michael gebeten hatte, elektronische Geräte zu reparieren. Innerlich rief er ihn um Hilfe und spürte sofort Michaels Energie so stark, dass er sie in seinem ganzen Körper fühlte. Und er hörte die Worte: »Ich bin hier, um dir zu assistieren, deinen Computer wieder funktionstüchtig zu machen.«

Daraufhin war Nicholas in der Lage, das Gehäuse des Computers problemlos in zwei Sekunden zu öffnen! Er weiß nicht einmal mehr, wie er das zuwege gebracht hat. Es ist einfach passiert.

Nicholas Kollege sah ihn überrascht an und fragte: »Wow, wie um alles in der Welt hast du denn das geschafft?!?«

Nicholas beschloss, die Wahrheit zu sagen und erwiderte furchtlos: »Ich habe gar nichts gemacht. Ich habe die Engel gerufen, und sie haben den Computer für mich geöffnet.«

Im Laufe der Jahre wurden mir Geschichten über Michael zugesandt, in denen er Toiletten, elektronische Schlösser, iPods und zahllose andere Geräte repariert hat.

Der gemeinsame Nenner dieser Geschichten? Jedes Mal hat die betreffende Person Michael um Hilfe gebeten!

Zeichen von Erzengel Michael

*»Lieber Erzengel Michael, bitte schicke mir ein
deutliches Zeichen, das ich leicht erkenne und verstehe
und das mich wissen lässt, dass du hier bist und
mir hilfst, die richtigen Schritte in dieser Situation
zu unternehmen und Frieden zu finden.«*

Jeder Erzengel ist von einem Glorienschein oder Energiefeld umgeben. Sie wissen bereits, dass Energie in unterschiedlicher Geschwindigkeit vibrieren und auf diese
Weise das Erscheinen von Farben hervorrufen kann.
Nun, die unterschiedlichen Energien jedes Erzengels
kreieren klar unterscheidbare farbige Glorienscheine.

Erzengel Michaels Glorienschein ist ein tiefes violet-
tes oder königsblaues, manchmal auch goldenes Licht.
Manche visuell sensitive Personen sehen mit ihren physischen Augen Blitze oder Funken dieser Farben. Dies
ist ein Zeichen, dass Michael in Ihrer Nähe ist. Auch
wenn Sie sich plötzlich zu Gegenständen mit dieser
königsblau-violetten Farbe hingezogen fühlen, ist dies
ein Zeichen für Michaels Gegenwart.

Eine Frau namens Nadine bat eines abends Erzengel
Michael um Schutz, als sie allein in ihrem Auto auf
einem dunklen Parkplatz saß und auf ihren Mann wartete, der etwas erledigte. Sobald Nadine Michael um
Hilfe gebeten hatte, sah sie einen großen blauen flu-
oreszierenden Schatten, der neben ihrem Auto stand.
Die Vision dauerte nur ein paar Sekunden, doch es

reichte, um Nadine das Gefühl zu geben, dass sie in Sicherheit war.

Da Michael ein flammendes Schwert aus Licht bei sich trägt, das er im Dienste des Göttlichen anwendet, strahlt er große Hitze aus – ein weiteres Zeichen, dass Michael bei Ihnen ist.

Michael ist nicht schüchtern oder scheu. Wenn er präsent ist, wird er es Sie deutlich wissen lassen, wie Amber Armstrong feststellte.

Als Freunde vorschlugen, Amber solle sich den Film *Michael* (mit John Travolta) anschauen, tat sie wie geheißen. Schließlich hatte sie eben erst eine Vision des Erzengels erlebt, die sehr Travolta-ähnlich war. Den Film hatte sie jedoch noch nicht gesehen.

Als Amber bei Radio Shack anrief, um zu erfahren, ob sie den Film im Angebot hatten, war sie nur wenig überrascht, als ihr Anruf von einem Mann entgegengenommen wurde, der sagte: »Hier ist Michael – wie kann ich Ihnen helfen?«

Michael, der Angestellte bei Radio Shack, fand heraus, dass es zwar nicht im Laden, aber im rückwärtigen Lager für ausgesonderte Ware noch eine Kopie des Films gab. Amber fuhr sofort hin und kaufte die DVD, und heute fühlt sie sich Michael näher als je zuvor.

Geschichten wie die von Amber machen deutlich, welch wundervoller Sinn für Humor den Erzengel auszeichnet.

MANCHE HABEN ENGEL BEHERBERGT
UND MERKEN ES NICHT ...

Dieser berühmte Ausspruch des heiligen Paulus, der uns rät, vorsichtig zu sein, wenn wir Fremde beherbergen, da manche »Engel beherbergt haben, ohne es zu wissen«, zeugt von der Tatsache, dass Engel zuweilen menschliche Form annehmen, um uns zu helfen.

Hunderte von Personen haben mir von Begegnungen mit einem geheimnisvollen Fremden mit ungewöhnlichen Augen berichtet, der genau im richtigen Moment die passenden tröstenden oder beruhigenden Worte ausspricht oder sie auf irgendeine unvorhergesehene Art rettet. Er ist als hochgewachsen beschrieben worden, manchmal gut und manchmal auch schäbig gekleidet. Außerdem ist er als jemand beschrieben worden, der einer anderen Rasse angehört. Sehr häufig stellt er sich als »Michael« vor. Später dann verschwindet dieser Fremde spurlos, und niemand kann ihn jemals wiederfinden.

Nehmen Sie zum Beispiel Candice Pruitt-Heckstalls Erfahrung:

Seit Monaten war Candace nicht mehr mit öffentlichen Verkehrsmitteln gefahren. Als sie bei eiskalten Temperaturen an der Bushaltestelle wartete, machte sie sich Sorgen, ob ihr Bus noch kommen würde oder sie ihn vielleicht verpasst hatte. Außerdem war sie nicht sicher, an welcher Haltestelle sie aussteigen musste, um an ihr Ziel zu gelangen.

Um sich zu beruhigen, dankte Candace innerlich Gott und Erzengel Michael dafür, den Bus schnell zu schicken.

Einen Augenblick später kam ein hochgewachsener freundlicher Mann mit sehr ungewöhnlichen Augen daher und sprach Candace an. Sie wunderte sich darüber, dass seine Augen an diesem trüben Tag so voller Sonnenlicht zu sein schienen, obwohl er doch mit dem Rücken zu der schwachen Wintersonne stand. Seine Worte und Gegenwart beruhigten Candace, und bald machte sie sich keine Sorgen mehr.

Bevor Candace in den Bus stieg, stellte sie sich dem Mann vor, der ihr dann sagte, dass sein Name Mike war. Als sie sich noch einmal umdrehte, um ihm zum Abschied zu winken, war er verschwunden. Candace ist davon überzeugt, dass Erzengel Michael seinen Namensvetter geschickt hatte, um sie zu beruhigen. Seit jenem Tag hat sie sich nie mehr Sorgen gemacht, wenn es darum ging, den Bus zu nehmen.

KLÄRUNG UND SCHUTZ

Erzengel Michael versteht es meisterhaft, zu unserem Schutz und Segen mit irdischen Energien zu arbeiten. Das ist essenziell für hoch sensitive Menschen, die zum Beispiel in anderen Menschen oder auch Gebäuden die Energie von Wut oder Rivalität spüren. Extrem sensitive Personen absorbieren häufig wie ein Schwamm, der schmutziges Spülwasser aufnimmt, die Energien anderer Menschen.

Wenn Sie hoch sensitiv sind, leiden Sie höchst wahrscheinlich des Öfteren unter Stimmungs- oder Energieschwankungen. In der einen Minute sind Sie voller Energie und freuen sich des Lebens, und in der nächsten kommen Sie morgens kaum aus dem Bett.

Die einzige Methode, Ihre Stimmung und Energie zu stabilisieren, besteht darin, Ihr Energiefeld ins Gleichgewicht zu bringen. Und Michael kann Ihnen dabei helfen.

Jedes Mal, wenn Sie sich erschöpft oder müde fühlen, ist dies ein Zeichen, dass Sie die angstbasierten Energien anderer Menschen absorbieren. In einem solchen Moment sollten Sie innerlich oder mit lauter Stimme sagen: »Erzengel Michael, bitte kläre mich innerlich und äußerlich.« Es kann sein, dass Sie daraufhin ein Kribbeln, Erschauern oder eine Art Zupfen fühlen, während niedere Energien Ihren Körper verlassen, so wie Sie es von Michael erbeten haben.

Wenn sich Ihr Körper wieder ruhig und ausgeglichen anfühlt, ist es an der Zeit, als Vorsichtsmaßnahme zu sagen: »Erzengel Michael, bitte schütze mich.« Er wird Sie in seinen königlichen violett-blauen Glorienschein wie in einen Kokon einhüllen.

Bitten Sie jedes Mal, bevor Sie sich in eine harsche Situation begeben, Michael um seinen Schutz.

$\mathcal{E}$rzengel Michael ist im täglichen Leben deutlich spürbar und präsent. Während Sie mit ihm arbeiten, werden Sie feststellen, dass er ein absolut zuverlässiger und vertrauenswürdiger Mentor, Partner und heiliges Wesen ist. Im nächsten Kapitel werden wir uns mit dem Heiler auf der Ebene der Engel in Verbindung setzen: Erzengel Raphael.

Raphael

»Lieber Erzengel Raphael, danke,
dass du mich und meine Lieben mit deinem heilenden
Licht der wunderbaren Liebe Gottes durchdringst.«

Raphael ist auch bekannt als: Azarias, Israfel oder
Labbiel.
Raphaels Name bedeutet: »Gott heilt«.

Raphael gilt seit Langem als der Engel der Heilung.
Sein Name ist wahrscheinlich auf das hebräische Wort
Rophe zurückzuführen, was soviel heißt wie »medizini-
scher Doktor«; oder *Rapach*, was bedeutet »Gott heilt
die Seele«.

Wie ich in meinem Buch *Erzengel Raphael* erklärt
habe, glauben Theologen, dass er – obwohl er in der
Bibel nicht erwähnt wird – der Erzengel war, der die
Kranken am Teich von Bethesda geheilt hat, wie in den
Evangelien beschrieben. Zudem gilt er als einer der drei
Engel, die den Patriarchen Abraham und seine Frau
Sara besucht haben, um ihnen bei der Empfängnis zu
helfen; sowie als der Engel, der Abrahams Enkel Jakob
von Verletzungen heilte, die dieser bei einem Ring-
kampf erlitten hatte; und als der Erzengel, der König
Salomon seinen magischen Ring gab.

Im Katholizismus ist er als Sankt Raphael bekannt, Schutzpatron der Ärzte, Reisenden und Heiratsvermittler. Im Buch Tobit wird Raphael namentlich genannt. Dieser spirituelle Text, auch als Buch Zobias bekannt, war verloren und wurde 1952 als eine der Schriftrollen vom Toten Meer in Qumran, dem antiken Tempel der Essener, wieder entdeckt.

Das Buch beschreibt die Geschichte von Tobit, einem frommen und gütigen jüdischen Mann, der aufgrund seiner plötzlichen Erblindung so verzweifelt war, dass er Gott bat, ihn sterben zu lassen. Am gleichen Abend bat auch eine Frau namens Sarah Gott um den Tod, weil sie so sehr um ihre sieben Ehemänner trauerte, die alle in der Hochzeitsnacht gestorben waren.

Und Gott beantwortete sowohl Tobits als auch Sarahs Gebete, indem er ihnen Erzengel Raphael in menschlicher Gestalt sandte. Raphael identifizierte sich nicht als Engel, sondern bot stattdessen Tobit an, seinen Sohn Tobias zu schützen und zu führen, als dieser losging, um Geld einzutreiben, das man ihm schuldete.

Raphael führte Tobias zu Sarah, und die beiden verliebten sich und heirateten. Und indem er Fische als Teil seiner Heilungsarbeit benutzte, half Raphael anschließend Tobias, erfolgreich die Dämonen zu vertreiben, die Sarahs frühere Ehemänner getötet hatten.

Außerdem benutzte er eine aus Fischen hergestellte Salbe, um Tobias zu helfen, seinem erblindeten Vater die Sehkraft zurückzugeben. Während Tobit, Tobias und Sarah sich ihres neuen Lebens erfreuten, brachte

Raphael das Geld zurück, das Tobias gehörte. Sobald seine Arbeit getan war, enthüllte der Erzengel seine wahre Identität und kehrte zurück auf die Ebene der Engel.

Darüber hinaus erscheint sein Name in einer anderen Schriftrolle vom Toten Meer, dem Buch Enoch, in dem seine Aufgabe auf der Erde beschrieben wird als einer der heiligen Engel, die über die Seele des Menschen wachen.

In diesem Buch überträgt der Schöpfer Raphael die Aufgabe, die Erde von der Misere zu heilen, die einige gefallene Engel und Riesen angerichtet hatten, indem er einen Dämonen fesselte und vertrieb, allen Kindern half und die Welt aus den Fängen der Korruption rettete. Erzengel Raphael ist bis auf den heutigen Tag auf diese Mission fokussiert.

In islamischen Schriften ist Raphael als Israfel bekannt, der Erzengel, der dazu ausersehen ist, zweimal ein großes Horn zu blasen, um den Jüngsten Tag anzukündigen.

Die Legende besagt, dass Raphaels ursprünglicher Name *Labbiel* lautete. Als Labbiel sich bezüglich der Frage, ob Menschen kreiert werden sollten, zustimmend auf die Seite Gottes stellte, belohnte der Schöpfer ihn, indem er seinen Namen in Raphael umänderte.

RAPHAEL,
DER HIMMLISCHE ARZT

Erzengel Raphael bringt das heilende Licht Gottes auf die Erde. In einer Meditation hat er mir einmal gesagt, dass seine Rolle nicht darin besteht zu heilen, sondern vielmehr den wahren geheilten Körper zu enthüllen, den Gott für uns alle kreiert hat. In Raphaels Augen sind alle Menschen in spiritueller Wahrheit bereits gesund.

Sofortige Heilungen

»Danke, Erzengel Raphael,
dass du mich jetzt sofort vollkommen heilst.«

Wenn Sie Raphael bitten, eine Erkrankung oder Verletzung zu heilen, geschieht dies häufig sofort. Der Erzengel hatte lediglich darauf gewartet, dass Sie ihm die Erlaubnis geben, seine Heilungsarbeit durchzuführen.

Wie es zum Beispiel Keiko Tanaka und ihr Mann erfahren haben, die in einer sehr kleinen Stadt in Kanada wohnen und daher stets ihre Ausflüge in die nächste Großstadt so planen, dass sie alle Notwendigkeiten wie Geld abheben, Einkaufen und so weiter am gleichen Tag erledigen können. An einem dieser Tage begann Keiko sich plötzlich sehr krank zu fühlen, daher wandte sie sich sofort an Erzengel Raphael und bat ihn um Hilfe. Im darauffolgenden Moment sah sie mit ihren physischen Augen ein ovales smaragdgrünes Licht, ungefähr so groß wie ein Kind. Als die Erscheinung wieder verschwand, war auch ihr Unwohlsein weg. Keiko dankte Raphael aus tiefstem Herzen, und sie und ihr Mann genossen den Rest ihres arbeitsreichen Tages.

Das smaragdgrüne Licht, das Keiko gesehen hat, ist der Glorienschein von Erzengel Raphael. Seine Energie funkelt oder versprüht ein strahlendes Grün – interessanterweise die gleiche Farbe, die Mystiker aus dem Osten dem Herzchakra zuschreiben. Daher bedeutet Smaragdgrün, dass Raphael Sie mit reiner göttlicher Liebesenergie durchdringt.

Manche Menschen fühlen eine sanfte summende Energie, wenn Raphael sie heilt; oder sie sehen grüne Lichter, so wie es bei Keiko der Fall war. Doch für andere, wie zum Beispiel Elizabeth MacArthur, ist Raphaels heilende Arbeit noch wesentlich subtiler.

Als Elizabeth ihren Arzt fragte, warum sie ständig müde war, stellte er bei ihr eine Schlaf-Apnoe fest und empfahl ihr, mit einer Maske schlafen zu gehen, die mit einem Sauerstofftank verbunden war. Sie brauchte eine Weile, um sich an das Schlafen mit der Maske zu gewöhnen, doch konnte sie sich nie dazu durchringen, die Maschine mitzunehmen, wenn sie reiste. Nach vier Jahren täglicher Benutzung der Maske entdeckte Elizabeth, dass Erzengel Raphael helfen konnte, ihren Zustand zu heilen, also bat sie ihn um seine Hilfe. Kurz darauf begann die Maschine zu versagen, doch Elizabeths Energie war gut, obwohl sie jetzt nicht mehr mit der Maske schlief. Ihr wurde klar, dass Raphael sie geheilt hatte und sie die Maschine nicht länger brauchte.

Ich glaube, dass Elizabeth geheilt wurde, während sie schlief, was bei vielen Menschen der Fall ist, die Hilfe von Raphael erhalten. Der Grund dafür ist, dass man im Schlaf um ein Vielfaches offener ist für die intensive Liebe, die Raphael sendet.

Engel-Therapeutin Amy McRae bat Erzengel Raphael darum, sie im Schlaf zu heilen – mit Erfolg. Sie entdeckte diese Methode, als sie sich unausgeglichen und erschöpft fühlte und keiner ihrer Angehörigen oder Freunde verfügbar war, um ihr zu helfen. Also legte Amy sich ein wenig hin und beschloss, Raphael zu bitten, sie zu heilen, während sie schlief. Amy schlief sehr tief, und als sie aufwachte, fühlte sie sich wie neu geboren, voller Energie und gesund.

Überweisung zu einem Arzt oder Heiler

»Lieber Erzengel Raphael, bitte führe mich zu dem besten Heiler für meinen Zustand und meine Situation und hilf mir, sofort einen Termin zu bekommen.«

So weit verbreitet es ist, eine sofortige Heilung von Raphael zu bekommen, leitet er dennoch manchmal Personen an, sich von Ärzten und anderen Heilern behandeln zu lassen. In meinem Buch *Erzengel Raphael*

ist die Geschichte eines Mannes zu lesen, der – nachdem er den Erzengel gebeten hatte, ihm bei seiner
Krankheit zu helfen – zu einem Arzt namens Dr. Raphael geschickt wurde!

Diverse Leser haben mir Berichte geschickt, wonach
Raphael Synchronizitäten arrangiert hat, die Menschen
helfen, den besten Heiler für ihren Zustand zu finden.

Und, wie die folgende Geschichte von Therese Zibara
Slan illustriert, sorgt Raphael außerdem dafür, dass Sie
bei diesem Heiler oder Arzt rechtzeitig einen Termin
bekommen. Therese hat seit jeher an Engel geglaubt,
doch erst nach einer ernsten Erkankung wusste sie wirklich, wie sehr diese himmlischen Wesen uns lieben und
für uns da sind.

Im Sommer 1999 war sie so intensiv mit ihrer Arbeit
beschäftigt, dass sie ihre Gesundheit vernachlässigte,
obwohl sie seit Kurzem ernste Krankheitssymptome
entwickelt hatte. Schließlich drängten ihr Chef und
ihre Kollegen sie, sofort ins Krankenhaus zu gehen, da
ihr Zustand offensichtlich lebensbedrohlich war, auch
wenn sie selbst es nicht so sah.

In der Notaufnahme waren noch zehn Patienten vor
ihr dran, also setzte sie sich geduldig hin und sagte
nichts, obwohl sie langsam das Bewusstsein verlor.
Doch sie musste sich auch gar keine Sorgen machen,
da sie eine klare Vision von Erzengel Raphael hatte, wie
er persönlich die im Wartezimmer Anwesenden heilte.
Einer nach dem anderen verließen die neun Patienten
die Notaufnahme, bevor der Arzt sie sehen konnte –

dank der meisterhaften Heilfähigkeiten von Erzengel
Raphael! Als Thereses Name aufgerufen wurde, fiel sie
in Ohnmacht und sah im nächsten Moment ein strahlendes weißes Licht sowie ihren verstorbenen Groß-
vater, der ihr übermittelte, dass ihre Zeit noch nicht
gekommen war. Die anwesenden Ärzte und Kranken-
schwestern waren in der Lage, sie wiederzubeleben –
dank Raphael, der den Aufnahmeprozess im Krankenhaus beschleunigt hatte.

SCHMERZBEKÄMPFUNG

*»Danke, Erzengel Raphael, dass du mir hilfst,
mich in meinem Körper gut und wohl zu fühlen.«*

Raphael kann Ihnen helfen, Ihre Schmerzen, die auf
kurzzeitige oder chronische Verletzungen und Erkran-
kungen zurückzuführen sind, zu reduzieren oder ganz
zu beseitigen. Auch hier ist es von Nöten, dass Sie zuerst Raphael um seine Hilfe bitten. Auf diese Weise sig-
nalisieren Sie ihm Ihre Erlaubnis zu intervenieren.

Ich habe viele Geschichten von Personen erhalten,
die Raphael gebeten haben, sie zu einem Zahnarzttermin zu begleiten, stets mit wunderbaren Resultaten.

Zum Beispiel sagte Kim Hutchinson beinahe ihren
Termin beim Zahnarzt ab, weil die letzten Behandlun-
gen emotional und physisch sehr schmerzhaft gewesen
waren. Nicht nur waren die Zahnreinigungen aufgrund

ihres empfindlichen Zahnfleisches sehr schmerzhaft gewesen, sondern die Zahnarzthelferin hatte zudem ihre Gefühle verletzt, indem sie Kim aufgrund des schlechten Zustandes ihres Zahnfleisches wiederholt gefragt hatte, ob sie ihre Zähne regelmäßig mit Zahnseide reinigte (was sie tat!)

Je näher der Zahnarzttermin rückte, desto ängstlicher und kränker fühlte sich Kim. Doch anstatt ihn abzusagen, wandte sie sich an Erzengel Raphael um Hilfe. Sie bat ihn um eine schmerzfreie Zahnreinigung; eine sympathische Zahnpflegerin; und vor allem um gesundes Zahnfleisch und Zähne. Kim fühlte zwar, dass diese Wünsche so gut wie unerfüllbar waren, sagte sich jedoch: *Was habe ich zu verlieren?*

Der gefürchtete Tag kam, und Kim machte sich mit bangen Gefühlen auf den Weg zum Zahnarzt. Innerlich bat sie weiterhin Raphael, ihr bei der Behandlung beizustehen, und sie konnte seine Gegenwart fühlen und seine grüne Energie nahebei sehen. Als sie im Wartezimmer saß, kam eine ihr unbekannte Zahnarzthelferin herein, und Kim dachte: *Die sieht aber freundlich aus. Bitte Raphael, lass sie diejenige sein, die meine Zähne reinigt.* Kaum hatte sie das gedacht, rief die junge Frau sie beim Namen. Die Zahnpflegerin hatte eine freundliche Stimme und eine sanfte, beruhigende Art, die Kim als sehr wohltuend empfand.

Doch als die Frau begann, Kims Zähne zu reinigen, kam ihre Angst zurück. Sie bereitete sich innerlich auf den Schmerz vor, doch er kam nicht! Schließlich entspannte sie sich. Nachdem die Zahnpflegerin ihre Zähne poliert und mit Zahnseide gereinigt hatte, fragte sie Kim nach ihren Zahnputzmethoden. In der Annahme, dass die Zahnpflegerin ihre Glaubwürdigkeit in Frage stellen würde, spannte sich Kim erneut an. Doch stattdessen beglückwünschte die junge Frau Kim für ihre Zahnputzroutine und sagte, dass Kims Zahnfleisch viel gesünder aussah, als es ihr Chart zeigte.

Kim war hocherfreut! Zum ersten Mal in vier Jahren hatte sie die »Prüfung« beim Zahnarzt bestanden. Kim fühlte die Gegenwart von Engeln und hörte sie flüstern, dass die Zahnpflegerin ein Erdenengel war. In diesem Augenblick wusste Kim, dass ihre Zahnsorgen für immer vorbei waren! Erzengel Raphael hatte ihr Zahnfleisch geheilt und ihr jegliche Angst vor zahnärztlicher Behandlung genommen.

HILFE AUF REISEN

»Danke, Erzengel Raphael,
dass du mich und meine Gefährten auf
dieser Reise begleitest und uns hilfst,
dass wir mit unseren Siebensachen sicher
an unser Ziel gelangen.«

Seit seiner Reise mit Tobias wird Raphael als der Schutzpatron aller Reisenden betrachtet. Als jemand, der sehr oft unterwegs ist, kann ich Raphaels Talente bezeugen, wenn es darum geht, für eine angenehme, problemlose Reise zu sorgen.

Diesbezügliche Geschichten, die mir geschickt wurden, sowie meine eigenen Erfahrungen zeigen, dass Sie Raphael um Hilfe bitten können, um Flugturbulenzen zu beruhigen; von Flughafenangestellten und Hotelbediensteten freundlich behandelt zu werden; und ihr Gepäck nach der Landung schnell entgegennehmen zu können.

Außerdem kombiniert Raphael seine Heilungs- und Reisetalente, um zu gewährleisten, dass Sie unter anderem vor und während Ihrer Ferien gesund bleiben. Der Bericht von Billie Quantrell und ihrem Ehemann Chad macht diese Tatsache deutlich.

Die beiden wollten gerade in die Ferien fahren, als Chad plötzlich eine böse Erkältung bekam. Also rief Billie Erzengel Raphael um Hilfe. Sie betete: »Welche Lektion auch immer gelernt werden soll, bitte liefere sie schnell, da diese Erkältung Chad sehr belastet.«

Dann visualisierte sie Raphaels smaragdgrüne Energie, wie sie durch sein Kronenchakra auf der Spitze des Kopfes in den Körper ihres Mannes floss. Chad erholte sich schnell, und die beiden waren in der Lage, ihre Ferien zu genießen.

Raphael ist ein reisender Arzt, der Hausbesuche macht, egal wo auf der Welt Sie sich befinden.

RAPHAEL SPENDET
HOFFNUNG UND TROST

Was auch immer der Grund sein mag, manche Krankheiten gehen nicht weg. Ob Sie es nun Karma nennen wollen, die Entscheidung der Seele oder Schicksal – es hat den Anschein, als würden manche Menschen keine umfassende Heilung erfahren, wenn sie darum bitten. In diesen Situationen sorgt Raphael für den Trost des Betreffenden. Er mindert Schmerzen und ermuntert die Seele.

Zum Beispiel hat Sarah McKechnie im Laufe der 20 Jahre einer lebensbedrohlichen Autoimmunerkrankung wiederholt Raphael um seine Hilfe angefleht, als sie mit unerträglichen Schmerzen und der Angst vor dem Tod kämpfte.

In Zeiten der Verzweiflung hat Raphaels Präsenz sie mit Hoffnung erfüllt. Sie sagt: »Diese Krankheit hat mich gelehrt, dass himmlische Hilfe jederzeit erreichbar ist, denn in den Zeiten größten Leidens – wo ich nichts anderes mehr tun konnte, als mich in die Arme der Engel zu werfen – waren sie immer da, um mich aufzufangen.«

Sarah ist dankbar für die Hilfe, die Raphael ihr zuteilwerden lässt. Obwohl ihr Zustand nach wie vor ernst ist, hat sie es geschafft, Frieden zu finden, was das größte Geschenk überhaupt ist.

HEILUNG VON HAUSTIEREN

Erzengel Raphael heilt und tröstet nicht nur Menschen, sondern kümmert sich auch um das Wohlergehen von Tieren. Er heilt Verletzungen bei allen Arten von Tieren. Ich habe festgestellt, dass Haustiere sehr schnell auf Raphaels heilende Intervention reagieren. Sie saugen die Energie des Erzengels wie ein heilendes Elixir ein, was zu einer schnellen Gesundung führt.

Debbie war verzweifelt, als ihr geliebter Akita-Schäferhundmischling Kiko sich einen Sehnenriss im Bein zuzog. Da die Praxis ihres Tierarztes noch geschlossen war, setzte sie sich neben ihren Hund und bat Gott und Erzengel Raphael um Hilfe.

Instinktiv hielt Debbie ihre Hand ein paar Zentimeter über Kikos verletztes Bein. Debbie sagt, dass sie Raphael um Hilfe anflehte, »und mit offenen Augen sah ich, was am besten als ein grüner Minilichtblitz beschrieben werden kann, der von meiner Handfläche in Kikos Bein strahlte.« Sie dankte Raphael inbrünstig für diese Bestätigung seiner Anwesenheit und fuhr fort, dem Hund heilende Energie zu senden. (Sie werden sich erinnern, dass die Farbe von Raphaels Glorienschein grün ist und somit ein Zeichen seiner heilenden Präsenz darstellt, wann immer Menschen dieses grüne Licht sehen.)

Dann schliefen Debbie und Kiko ein. Als sie eine Stunde später erwachte, zitterte Debbie vor Aufregung, als sie feststellte, dass eine schneeweiße, mehr als 20

Zentimeter lange Feder auf Kikos Schenkel lag! Es gab keine andere Erklärung, als dass Raphael ein physisches Zeichen dafür hinterlassen hatte, dass Kiko wieder gesund werden würde.

Und so war es: Nicht nur wurde sein Bein geheilt, sondern er erreichte das hohe Alter von 15 Jahren, was für einen so großen Hund äußerst ungewöhnlich ist. Diese Tatsache schreibt sie dankbar einzig und allein Gott und Erzengel Raphael zu.

Darüber hinaus sorgt Raphael für die Sicherheit unserer Lieblinge, indem er draußen über sie wacht oder wenn wir nicht da sind. Sie können Raphael bitten, ihre geliebten Haustiere zu beschützen. Und außerdem können Sie ihn bitten, verirrte Tiere nach Hause zu bringen. Raphael hat die wunderbare Fähigkeit, verlorene Hunde, Katzen und andere tierische Ausreißer zu finden.

Zum Beispiel lieben es die vier Katzen von Ann McWilliams, während des Tages draußen zu sein, also wendet sie sich an Erzengel Raphael mit der Bitte, dafür zu sorgen, dass sie in der Nähe bleiben und rechtzeitig am Abend wieder hereinkommen. Die Katzen lieben die Freiheit der Natur, und genauso gerne kommen sie abends zurück ins Haus. Wenn Anns Katzen außer Sichtweite sind, bittet sie Raphael um Hilfe, und dann sind ihre Katzen plötzlich wieder da und kommen freudig reingerannt …

RAPHAEL LEITET HEILER AN

»Danke, Erzengel Raphael, dass du meine
heilende Arbeit führst und mir hilfst, allen Menschen
Segen zu bringen, denen ich begegne.«

Als Schutzheiliger der Ärzte hilft Raphael sowohl schul-
medizinischen als auch alternativen Heilern. Fühlen Sie
sich zu einem dieser Berufe hingezogen, können Sie
Raphael bitten, Ihnen bei der Entscheidung zu helfen,
welche Art von Heilungsarbeit Ihnen die größte Freude
machen und Sie zu herausragenden Resultaten befä-
higen würde. Achten Sie auf jegliche Bücher, die aus
Bücherregalen in Ihrer Nähe fallen, da es sich hierbei
meistens um ein Zeichen von Raphael handelt.

Auf Ihre Bitte kann Ihnen der Erzengel außerdem
helfen, eine Schule oder Universität zu wählen und die
Zeit und finanziellen Mittel für Ihre Ausbildung zum
Heiler zu finden. Nach Abschluss Ihres Studiums oder
Ihrer Ausbildung wird er Ihnen helfen, eine Heilpraxis
oder andere Möglichkeiten zu etablieren, damit Sie in
dem von Ihnen gewählten Bereich tätig werden können.

Raphael kann Ihnen darüber hinaus helfen, wundervolle Klienten anzuziehen.

Wenn Sie als Heiler tätig sind, wenden Sie sich an
Raphael, damit er Ihre Worte und Handlungen führt.
Sie werden intuitiv Ideen, Visionen und Gefühle empfangen – die Gottes heilende Weisheit sind, von Erzengel Raphael an Sie weitergeleitet.

RAPHAEL IM NAMEN EINER
ANDEREN PERSON UM HILFE BITTEN

*»Lieber Erzengel Raphael, bitte kümmere dich um
(Name des Betreffenden) und hilf ihm/ihr, gesund,
glücklich und stark zu sein. Bitte führe mich und
zeige mir, wie auch ich ihm/ihr helfen kann.«*

Sie können Erzengel Raphael bitten, einem anderen
Menschen bei seiner Heilung zu helfen. Er wird nie-
mals den freien Willen des anderen unterminieren.
Wenn also der oder die Betreffende aus irgendeinem
Grund nicht geheilt werden will, kann Raphael diese
Entscheidung nicht usurpieren. Er wird jedoch an der
Seite dieses Menschen bleiben, weil Sie ihn darum ge-
beten haben, was auf jeden Fall segensreich sein wird.

Erzengel Raphael arbeitet oft im Team mit Erzengel Michael, um Angst und Stress zu beseitigen,
die sich besonders negativ auf die Gesundheit aus-
wirken. Je mehr Sie mit diesen beiden Erzengeln
arbeiten, desto mehr werden Sie Vertrauen zu ihnen fassen. In unserem nächsten Kapitel werden
wir uns näher mit einem anderen wohlbekannten
Erzengel beschäftigen: Gabriel.

Gabriel

»Lieber Erzengel Gabriel, danke,
dass du mir klare Botschaften über (gegenwärtiges
Thema/Problem) gibst und mich führst und
unterstützt, damit ich ein effektiver Bote sein
und anderen helfen kann, so wie du es tust.«

Gabriel ist auch bekannt als: Heiliger Gabriel,
Jibril oder Jiburili
Gabriels Name bedeutet: »Die Kraft Gottes«.

Gabriel ist einer der beiden Erzengel, die in der Bibel
spezifisch aufgeführt werden (der andere ist Michael).
Im Buch Daniel im Alten Testament erscheint der Erzengel Daniel, um ihm zu helfen, seine Visionen bezüglich der Zukunft zu verstehen. Im Neuen Testament
erscheint Gabriel im Lukas-Evangelium in den berühmten Szenen der Verkündigung der bevorstehenden Geburt von Johannes dem Täufer und Jesus Christus.

Als der Erzengel Zacharias Kunde über seinen zukünftigen Sohn Johannes dem Täufer bringt, ist der
Mann verblüfft, weil er dachte, er und seine Frau Elisabeth seien zu alt, um noch Kinder zu bekommen. Der
Erzengel versichert ihm, dass dem nicht so ist, indem
er sagt: »Ich bin Gabriel. Ich stehe in der Gegenwart

Gottes und bin gesandt worden, dir Kunde von dieser guten Neuigkeit zu bringen.«

Nicht lange danach geht Gabriel zu Maria und sagt ihr: »Siehe, ich bringe dir gute Kunde von großer Freude«, und fährt fort, ihr ihren zukünftigen Sohn Jesus Christus zu beschreiben.

Außerdem erscheint Gabriel in dem apokryphischen Buch Enoch als Vermittler zwischen der Menschheit und Gott.

Im islamischen Glauben war es Erzengel Gabriel, der dem Propheten Mohammed die Schriften des Korans enthüllte.

Diese biblischen Rollen unterstreichen Gabriels Mission als der höchste Bote Gottes und machen deutlich, warum dieser Erzengel der Schutzheilige aller Personen ist, die im Bereich Kommunikation tätig sind.

Zu allen Zeiten haben Maler und Bildhauer Gabriel mit weiblichen Attributen ausgestattet: mit langen Haaren, fließenden Gewändern und – wenn Sie sich die Gemälde aus der Renaissance näher anschauen – mit einer weiblichen Figur. Vielleicht liegt das daran, dass Gabriel so eng mit den göttlichen weiblichen Situationen von Schwangerschaft, Geburt und Kommunikation assoziiert ist.

Natürlich haben Engel keine echte Geschlechtszugehörigkeit, da sie keine physischen Körper besitzen. Dennoch ist ihre Energie entweder deutlich männlich oder weiblich, entsprechend ihrer jeweiligen Spezialität, wobei Erzengel Michael ein perfektes Beispiel traditioneller muskulöser männlicher Stärke ist. Im Gegensatz dazu strahlt Gabriel eine weiche, fürsorgliche und weibliche Kraft aus.

FÜRSORGE FÜR UNSERE KINDER

»Erzengel Gabriel, danke, dass du mir hilfst,
eine gute Mutter/guter Vater für mein geliebtes
Kind zu sein. Bitte beschütze mich und mein Kind
und sorge dafür, dass wir gesund und glücklich sind.«

Gabriel und die Jungfrau Maria arbeiten eng zusammen, um sensitiven Kindern beizustehen. Sie führen die Eltern bei Empfängnis, Adoptionen, Schwangerschaften, Geburten und der Erziehung von Kindern.

Diane Fordham zum Beispiel hat festgestellt, dass Erzengel Gabriel wunderbar hilfreich ist, wenn es um die Erziehung ihrer zweijährigen Tochter geht. Wenn ihre Kleine einen Wutanfall kriegt und Diane sich bemüht, ihre Geduld zu bewahren, ruft sie Gabriel um Hilfe an. Sofort fühlt sie sich von einer dringend benötigten Ruhe umgeben, die sich wiederum positiv auf ihr Kind auswirkt. Und es dauert nicht lange, bis der Frieden zwischen Mutter und Tochter wieder hergestellt ist.

Kürzlich war Dianes Tochter müde und unleidlich, wollte aber dennoch nicht einschlafen. Also sagte Diane zu Gabriel: »Meine Tochter muss schlafen und ich auch. Bitte hilf uns.«

Dann nahm sie ein paar tiefe Atemzüge, und ohne darüber nachzudenken begann sie, ein Schlafliedchen zu summen, das sie nicht mehr gesungen hatte, seit ihre Tochter ein Baby war. Das Lied beruhigte die Kleine auf der Stelle, und bald darauf fielen Mutter und Tochter die Augen zu, und sie konnten schlafen.

Lebensaufgabe im Zusammenhang mit Kindern

»Lieber Erzengel Gabriel, bitte führe mich zu einer sinnvollen Karriere, die meinen Lebensunterhalt sichert, während ich den Kindern der Welt Gutes tue.«

Weil Gabriel das Wohlergehen der Kinder so sehr am Herzen liegt, berät der Erzengel verantwortungsbewusste und liebevolle Erwachsene, die Kindern und Jugendlichen helfen wollen. Wenn Sie sich berufen fühlen, in irgendeiner Form mit Kindern zu arbeiten, bitten Sie Gabriel, Ihnen zu helfen.

KLARE BOTSCHAFTEN

»Danke dir, Erzengel Gabriel,
dass du mir kristallklare Führung über
(beschreiben Sie das Thema) *gibst.«*

Gabriel wird in der Regel mit einer großen Kupfertrompete in der Hand dargestellt, um deutlich die trompetenden Botschaften Gottes zu symbolisieren. Wenn Sie eine Botschaft mit spezifischen Details brauchen, wenden Sie sich an Erzengel Gabriel.

Als Engel-Therapeutin weiß Hilda Blair (deren Geschichte im Kapitel »Michael« wiedergegeben wird, wo sie beschreibt, wie sie beim Autofahren von Erzengel Michael beschützt wurde), welche Erzengel man am besten für bestimmte Zwecke anrufen sollte. Wenn sie also klare Botschaften möchte, wendet sie sich an niemand anderen als *den* Botenengel schlechthin, Gabriel.

Eines Tages tat Hilda genau das, als sie sich bereit fühlte, nach einer Trennung wieder nach einem neuen Partner Ausschau zu halten. Durch ihre Gedanken und Intuition empfing sie Gabriels Führung, in ein Einkaufszentrum zu gehen, um dort jemandem zu begegnen.

Zum Scherz sagte Hilda laut zu Gabriel: »Wie bitte? Soll ich da herumlaufen, und irgendein Mann kommt daher, tippt mir auf die Schulter und fragt mich, wo der Kaufhof ist?« Hilda musste über diesen verrückten Gedanken lachen, beschloss jedoch, trotzdem in das Einkaufszentrum zu gehen.

Und während sie durch die Mall schlenderte, tippte ihr ein hochgewachsener gut aussehender Mann auf die Schulter und sagte: »Könnten Sie mir bitte sagen, wo der Kaufhof ist?« Hilda war so fassungslos, dass ihr Gespräch mit Gabriel sich tatsächlich exakt realisiert hatte, dass sie nur grinsen und in Richtung Kaufhof zeigen konnte.

Hilda erkannte, dass Gabriel ihre Frage darüber, wo sie einem Mann begegnen könnte, sehr klar beantwortet hatte. Als sie sich endlich von ihrer Überraschung erholt hatte, war es leider zu spät – der gut aussehende Mann war in der Menge verschwunden. Jedoch verhalf ihr dieses Erlebnis zu der Erkenntnis, dass der Erzengel ihr tatsächlich klare Botschaften gab und dies auch weiterhin in jedem Bereich ihres Lebens tun würde.

Hildas Geschichte zeigt außerdem Gabriels Sinn für Humor und seine erstaunliche Kreativität.

Gabriel hilft anderen Boten

»*Erzengel Gabriel, bitte berate, führe und unterstütze meine Karriere als Bote von* (nennen Sie spezifische Details) *und hilf mir, durch meinem Beruf göttliches Licht und Liebe zu verbreiten.*«

Gabriel hilft irdischen Boten wie beispielsweise Lehrern, Beratern, Schriftstellern, Journalisten, Künstlern und Schauspielern. Der Erzengel agiert wie ein Agent des Himmels und Manager, der Sie motiviert, Ihre Fertigkeiten zu perfektionieren. Dann öffnet Ihnen Gabriel die Tür zu einer Gelegenheit, in dem von Ihnen gewählten Beruf zu arbeiten und gibt Ihnen einen liebevollen Schubs, falls Sie zögern hindurchzugehen.

Bevor jemand Gabriel um Hilfe bei seiner Karriere bittet, erkläre ich immer, dass dieser Erzengel Sie anstupsen und motivieren wird, hart an Ihrer Berufung als Bote zu arbeiten, immer mit wunderbaren Resultaten.

Ich erinnere mich an eine Frau, die den Erzengel bat, ihr zu helfen, ihr Buch fertig zu schreiben. Nun, Gabriel sorgte dafür, dass die Frau mehrere Tage und Nächte wach blieb, bis das letzte Wort geschrieben und das Buch fertig war!

In ähnlicher Weise hat Gabriel Barbara Hewitt zum Schreiben inspiriert. Als Barbara eines Morgens aus der Dusche trat, hörte sie eine Stimme, die ihr sieben Buchtitel nannte. Sie wusste sofort, dass es sich dabei um Kinderbücher handelte, die zu schreiben sie berufen war. Barbara setzte sich jeden Tag mit einem großen Schreibblock hin und bat Erzengel Gabriel, ihr zu helfen, die Bücher zu Papier zu bringen. Sobald sie den Erzengel um seine Hilfe gebeten hatte, flossen die Ideen mühelos … und Barbara schrieb in kurzer Zeit alle sieben Bücher.

Sie rühmt Gabriel dafür, ihr gezeigt zu haben, wie sie die Bücher fertig kriegen konnte. Sie sagt, dass jedes Buch die Liebe Gottes ausstrahlt.

Es ist unwesentlich, ob Ihre Arbeit als Bote durch das gesprochene oder geschriebene Wort manifestiert wird, in jedem Fall kann Gabriel Sie anleiten.

Zum Beispiel war Kristy M. Ayala, eine Engel-Therapeutin mit einem Master's Degree, Hochschullehrerin an einer Universität in Kalifornien. Sie liebte es, ihren Studenten Vorlesungen über Psychologie zu halten. Jedoch sehnte sie sich danach, mehr Spiritualität in ihre Karriere einzubringen. Kristy ließ sich zur spirituellen Ratgeberin ausbilden und gab ihren Universitätsjob auf, um eine Privatpraxis aufzubauen. Wenn ihr diese neue Tätigkeit auch große Freude bereitete, merkte sie bald, dass sie das Unterrichten vermisste.

Also bat Kristy Erzengel Gabriel – der Engel, der Lehrern und Boten hilft – um Führung. Durch Meditieren und Beten empfing sie die klare Botschaft, dass sie *sowohl* eine spirituelle als auch eine lehrende Tätigkeit ausüben konnte. Also bat Kristy den Erzengel, ihr zu helfen, Lerninstitute und Studenten zu finden, was ihr erlauben würde, wieder zu lehren und Vorlesungen zu halten – aber dieses Mal über spirituelle Themen.

Kristy hörte die Botschaft, sie solle nur Vertrauen haben, dann würden sich bald all die richtigen Türen für sie öffnen.

Sie übergab die ganze Situation Gott und Erzengel Gabriel, obwohl sie nicht die leiseste Ahnung hatte, was sie tun konnte, um eine spirituelle Lehrerin zu werden. Und genau wie sie es in ihrer Meditation gehört hatte, begannen sich für Kristy die Türen zu öffnen!

Sie erinnert sich: »Die Leute begannen mich zu fragen, ob ich nicht vielleicht einen Vortrag über die Erzengel halten wollte. Ich war glücklich über diese Frage und sehr überrascht, da ich diese Leute schon länger kannte und sie mich noch nie gebeten hatten, über ein solches Thema zu unterrichten.« Also war Kristy einverstanden, und ihr Erzengel-Seminar war ein großer Erfolg! Was dazu führte, dass sie weitere Einladungen erhielt, in Schulen und Heilungszentren über Erzengel zu sprechen.

Kristy ist in einem ständigen Dialog mit Gabriel, und der Engel hat sie gelehrt, dass sie alle Komponenten ihrer Arbeit, die sie liebt, erfahren kann und dass sie nicht einen Aspekt für einen anderen aufgeben muss. Heute hat Kristy eine Karriere, die sie erfüllt, indem sie das tut, was sie liebt.

Außerdem weiß Gabriel, dass die Medien ein ausgezeichnetes Mittel sind, liebevolle Botschaften weiterzuleiten. Der Erzengel wird Ihnen gerne helfen, diese Botschaften durch Fernsehen, Zeitungen, Magazine, Bücher, Radio oder das Internet zu kommunizieren.

Karen Forrest zum Beispiel sollte in einer Live-Fernsehsendung erscheinen, um ihr Buch vorzustellen, und sie war verständlicherweise nervös bei dem Gedanken, auch alles richtig zu artikulieren. Also wandte sie sich innerlich an Gabriel und bat ihn: »Erzengel Gabriel, bitte befreie mich von dieser Sorge und Nervosität bezüglich meines Live-Interviews. Sprich du während des

Interviews durch mich, damit ich nicht darüber nach-
denken oder mir Sorgen machen muss, was ich sagen
soll. Sei bitte in jedem Moment bei mir, Erzengel Gabriel, und fungiere als mein *PR*-Experte. Danke, Erzengel Gabriel.«

Nachdem sie diese Worte gedacht hatte, fühlte Kristy,
wie eine Welle des Friedens sie durchfuhr, und sie hatte
das physische Gefühl, als würde der Flügel eines Engels
ihre Schulter berühren. Die Angst und Nervosität waren
vorbei. Kristy wusste in ihrem Herzen, dass Erzengel
Gabriel während des Interviews an ihrer Seite sein
würde.

Nach ihrem Auftritt machte die Moderatorin eine
Bemerkung hinsichtlich der Tatsache, dass sie schon
viele Menschen interviewt hatte und beeindruckt war,
wie entspannt Kristy während dieser Live-Show gewesen und wie mühelos ihre Konversation geflossen war.

ZEICHEN VON GABRIEL

Wie an früherer Stelle beschrieben, hat jeder Erzengel
eine spezifische Aufgabe. Das bedeutet, dass jeder von
ihnen eine andere energetische Vibration besitzt. Genau wie unterschiedliche Farben auf unterschiedliche
Weise vibrieren, variieren auch die Farben der Glorienscheine der Engel.

Gabriels Glorienschein ist kupferfarben, wie die sym-
bolische Trompete des Engels. Wenn Sie Blitze oder

Funken von kupferfarbenem Licht sehen, oder wenn Sie sich plötzlich zu diesem Metall hingezogen fühlen, ist dies ein Zeichen, dass Sie mit Erzengel Gabriel in Kontakt sind.

Eine Kinderschwester namens Carmen Carignan in New Hampshire – deren Spezialgebiet Unterwasser-geburten sind (und die bereits im Kapitel »Michael« er-wähnt wurde, weil Erzengel Michael ihren Koffer auf dem Flughafen beschützt hatte) – sah die Kupfer-»Zei-chen«, als sie Gabriel um seine Hilfe bat.

Als Carmen eine Heilpraxis eröffnen wollte, wandte sie sich mit der Bitte um Führung an Erzengel Gabriel. Sie wusste, dass Gabriel als Erzengel der Kommunika-tion oft ankündigt, was auf uns zukommt, und wie ein Manager oder Agent fungiert, indem er neue Projekte in Bezug auf die Seelenaufgabe eines Menschen in-strumentiert.

Sofort erhielt Carmen Zeichen von Gabriels Mitwir-kung. Zuerst fand sie zweimal kupferfarbene Federn, für die es keine logische Erklärung gab. Das zweite Zei-chen war ein Foto, das sie entwickeln ließ und auf dem neben Carmen die Umrisse einer definitiv kupferfarbe-nen und weißen engelförmigen Gestalt sichtbar waren. Der Engel auf dem Foto war so deutlich zu sehen, dass die Leute im Fotolabor darüber sprachen!

Und das dritte *sehr aufregende* Zeichen kam, als eine örtliche Massagetherapeutin Carmen anrief, um ihr von einem preisgünstigen Raum in einem Heilungs-zentrum zu berichten, der ab sofort frei war. Carmen wusste, dass Erzengel Gabriel dafür gesorgt hatte, dass die Massagetherapeutin von der Freiwerdung des Raumes und von Carmens Wunsch erfuhr und dann ihre Telefonnummer in Erfahrung brachte. Das alles konnte kein Zufall sein, und dieses Wunder überschritt sämtliche Erwartungen, die Carmen je hatte.

Sie sagt: »Als ich mich der Hilfe dieses Engels der Kommunikation überließ, fügten sich alle fehlenden Teile des Puzzles mühelos und überraschend schnell zu einem Ganzen. Ich bin immer noch total verblüfft und absolut begeistert!«

Natürlich wird Gabriel in dem Moment mit Ihnen zu arbeiten beginnen, sobald Sie ihn darum bitten, selbst wenn Sie die entsprechenden Zeichen nicht bemerken.

Eine Frau mit Namen Maryne Hachey hatte den verzweifelten Wunsch, Gabriel und die anderen Engel zu sehen. Maryne hatte versucht, den Kontakt mit ihnen aufzunehmen, und hatte die Übungen gemacht, die in meinem Buch *Die Heilkraft der Engel* beschrieben sind. Doch merkte sie, dass sie sich zu sehr bemühte, die Engel zu sehen. Zum Glück war ihr Geist eines Nachts im Schlaf entspannt genug, was ihr erlaubte, klar mit Erzengel Gabriel zu interagieren.

In dem Traum stand Maryne neben einem wunderschön blühenden Kirschbaum auf einer Straße, die weder einen Anfang noch ein Ende hatte. Der Traum war so real, dass sie den Duft der Kirschblüten riechen und den leichten Lufthauch des Windes auf ihrer Haut fühlen konnte. Der Wind blies Blüten und Federn die Straße hinunter, und Marynes Herz war von einem tiefen Gefühl der Liebe erfüllt.

Dann erschien ein hochgewachsener weiblicher Engel. Er hatte eine wilde blonde Haarmähne und wurde von drei anderen Engeln begleitet. Der große Engel streckte seine Hand aus und sagte zu Maryne: »Du bist auf dem richtigen Weg.«

Maryne liefen Tränen der Dankbarkeit über das Gesicht, als sie fragte: »Wer bist du?«

Der weibliche Engel erwiderte: »Gabriel«, und die Kirschblüten verwandelten sich in weiße Federn, die neben Maryne zu Boden schwebten.

Mit diesem Bild erwachte Maryne voller Freude und Dankbarkeit in dem Wissen, dass der Erzengel sie mit seiner Liebe gesegnet hatte.

Gabriel ist ein schwer arbeitender beharrlicher Engel, der in jenen, die um seine Hilfe bitten, die gleiche Arbeitsmoral fördert. In unserem nächsten Kapitel werden wir Kontakt mit Erzengel Uriel aufnehmen, der uns wundervolle Einsichten und Ideen schenkt.

Uriel

*»Erzengel Uriel, danke, dass du mir Informationen,
Ideen und Einsichten über* (beschreiben Sie das Thema,
über das Sie mehr wissen wollen) *zukommen lässt.«*

Uriel ist auch bekannt als: Aretziel, Auriel,
Nuriel oder Phanuel
Uriels Name bedeutet: »Das Licht Gottes«.

Wenn die meisten Menschen an Erzengel denken, gehört auch Uriel dazu. Doch dieser Erzengel scheint der
mysteriöseste zu sein und entzieht sich der klaren De-
finition, wie sie Michael, Raphael und Gabriel zugeschrieben wird.

Uriel wird sowohl in den christlichen gnostischen
Schriften als auch in dem apokryphischen Buch 2 Esdras
erwähnt, wo er den Propheten Ezra die Bedeutung esoterischer Information und die Antworten auf metaphy-
sische Fragen lehrt. Dies half Ezra, sinnvolle Konversationen mit Gott zu führen.

Im Buch Enoch ist Uriel einer der Erzengel, die die
Menschheit vor den »Wächtern« (einer Gruppppe gefallener Engel) beschützten; zudem führte er den Propheten Enoch, der später als Metatron zur Ebene der Erzengel aufstieg.

Uriels Heiligkeit wurde im Jahre 745 von Papst Zacharias widerrufen, der nur den Engeln Heiligkeit zuerkannte, die in den anerkannten christlichen Texten genannt wurden (Michael, Raphael und Gabriel). Die anglikanische Kirche jedoch verehrt bis heute Uriel als den Schutzheiligen des Sakraments der Konfirmation.

Die christliche Theologie besagt, dass Uriel Johannes den Täufer als Baby vor dem »Massaker an den Unschuldigen« bewahrte und weiterhin als Führer für ihn und seine Mutter Elisabeth fungierte, als sie Ägypten verließen.

Erzengel Uriel wird auf Gemälden und in der christlichen Theologie als ein Cherub dargestellt, und in meinen Visionen habe ich ihn stets kleiner und pummeliger gesehen als die anderen Erzengel. Als das »Licht Gottes« hält er oft eine Laterne in der Hand, die ein sanftes gelbes Kerzenlicht ausstrahlt.

DER INTELLEKTUELLE ERZENGEL

*»Lieber Erzengel Uriel, bitte hilf mir,
meinen Geist zu fokussieren und das Wissen,
Verständnis und die Weisheit zu erlangen,
die ich brauche.«*

Uriel illuminiert unseren Geist mit Informationen, Ideen, Momenten der Erleuchtung und Einsichten. Er erinnert mich durch seine Art an einen weisen alten

Onkel. Am besten wenden Sie sich an ihn, wann immer Sie Problemlösungen brauchen, zum Beispiel bei einem geschäftlichen Termin, beim Schreiben, Studieren oder wenn Sie eine Prüfung machen müssen. Er wird Ihnen korrekte und angemessene Antworten ins Ohr flüstern, die Sie als Worte oder Gedanken wahrnehmen, die plötzlich in Ihren Geist »downgeloaded« werden. Nachdem Sie Uriel um Hilfe gebeten haben, achten Sie genau auf Ihre Gedanken. Sie können darauf vertrauen, dass die so empfangene Information die richtige Antwort ist, perfekt von dem Erzengel auf Ihre Situation abgestimmt.

Karen Forrest (deren Erfahrung mit Erzengel Gabriel im letzten Kapitel beschrieben wurde) wendet sich an Erzengel Uriel, damit er ihr hilft, sich an Namen und andere Informationen zu erinnern. Kürzlich wurde sie bei einem Seminar von einer Frau angesprochen, die ihr irgendwie vertraut war. Da ihr jedoch der Name der Frau nicht einfiel, fragte Karen innerlich Uriel: »Wie heißt diese Frau mit Vornamen?« Im nächsten Moment hörte Karen den Namen *Lynda* in ihrem Kopf und war in der Lage, die Frau mit ihrem richtigen Namen zu begrüßen.

Ein anderes Mal empfahl eine Freundin ihr ein Buch, doch Karen hatte keinen Stift dabei, um den Titel aufzuschreiben. Also bat sie Uriel, sie daran zu erinnern, und prompt vergaß sie das Buch völlig. Als Karen zwei Wochen später in einen Buchladen ging, forderte ihre

Intuition sie auf, sich die Bücher in einem bestimmten unteren Regal anzuschauen. Obwohl sie normalerweise vermied, die unteren Regale zu inspizieren, da sie sich nicht so weit hinunterbeugen wollte, folgte Karen ihrer Intuition. Und tatsächlich stand dort das Buch, das ihre Freundin empfohlen hatte! Karen kaufte es und stellte fest, dass es viele ihrer spirituellen Fragen beantwortete.

Sie können sich also an Uriel wenden und ihn bitten, Ihr intellektuelles Streben zu führen. Er arbeitet mit dem Erzengel Zadkiel zusammen, um Schülern und Studenten zu helfen, in der Schule und bei Prüfungen erstklassig abzuschneiden.

Radleigh Valentine entdeckte, dass Erzengel Uriel sein wichtigster Führer war, als er vor einigen Jahren meinen Angel Therapy Practitioner®-Kurs machte. Ich führte die Teilnehmer durch eine Meditation, in deren Verlauf ich jeden der 15 Erzengel in alphabetischer Reihenfolge zu Wort kommen ließ.

Als ich den Namen eines jeden Erzengels nannte und darüber meditierte, fühlte Radleigh nichts – bis ich zu Uriel kam. Sobald ich den Namen dieses Erzengels aussprach, sah Radleigh eine Explosion goldenen Lichtes, so als hätte sich der Boden in goldenen Glitter verwandelt, und ein Licht strahlte in der Mitte des Raumes. Er konnte im wahrsten Sinne des Wortes die Engel singen hören! Und als ich zu Erzengel Zadkiel weiterging, verschwanden die Musik und das Licht für Radleigh von einem Moment auf den anderen.

Im weiteren Verlauf des Kurses hatte Radleigh mehrere Readings und zog Orakelkarten, die alle auf die Präsenz von Uriel in seinem Leben hindeuteten. Heute arbeitet er persönlich und beruflich mit Uriel. Zum Beispiel half ihm der Erzengel, eine Beziehung liebevoll und ohne Streit zu beenden. Zudem half Uriel ihm, vor Hunderten von Menschen einen Vortrag zu halten und ein begeistertes Feedback zu bekommen. Uriel half ihm, positive Veränderungen in seinem Leben vorzunehmen, indem er sich zum Beispiel aus einer negativen beruflichen Situation zurückzog. Mittlerweile nennt Radleigh Uriel den »Epiphanie-Engel« (Epiphanie, griech. bedeutet Erscheinung), weil er immer so wunderbare Ideen und Führung bereithält, wenn er sie benötigt.

Genauso wie Uriel Radleighs öffentliche Vorträge führt, kann er auch Ihnen bei Ihren Gesprächen mit anderen Menschen assistieren. Engel-Therapeutin Melanie Orders (ihre Geschichte lesen Sie in Kapitel »Michael«) ruft Erzengel Uriel an, wenn sie mit jemandem arbeitet, der eine negative Denkweise oder ein geringes Selbstwertgefühl hat. Dann bittet Melanie den Erzengel, die Worte zu führen, die sie an ihren Klienten richtet, und er hilft ihr jedes Mal, die Ausdrucksweise zu wählen, die ihrem Klienten erlaubt, sich besser zu fühlen in Bezug auf sich selbst. Melanie sagt, dass Uriel sie angeleitet hat, ihr Kommunikationstalent im Umgang mit allen Menschen in ihrem Leben zu entwickeln und dass er ihr auf diese Weise half, noch freundlicher und taktvoller zu werden.

Erzengel Uriel verbindet uns mit Gottes unendlicher Weisheit und hilft uns, unseren Fokus auf unsere intellektuellen Bestrebungen zu richten. Im nächsten Kapitel werden wir Kontakt mit Erzengel Chamuel aufnehmen, der uns hilft, alles zu finden, was wir suchen.

Chamuel

»Danke Erzengel Chamuel,
dass du mir göttlichen Frieden einflößt,
auf dass ich in dem Wissen ruhen kann,
dass du mit Gottes Hilfe über uns alle wachst.«

Chamuel ist ebenso bekannt als: Camael,
Camiel, Camiul, Camniel, Chamael, Kamael,
Khamael und KMAL.
Chamuels Name bedeutet: »Er der Gott sieht«.

Chamuel ist einer der sieben Erzengel aus den pseudo-
dionysischen Schriften aus dem 5. Jahrhundert über die
himmlische Hierarchie. Er wird manchmal mit Samael
verwechselt, einem »Engel«, der dunkle und zerstöre-
rische Tendenzen aufweist. Diese Konfusion ist wahrscheinlich auf den ähnlichen Klang ihrer Namen zurückzuführen. Doch seien Sie versichert, dass Chamuel
in jeder Beziehung ein Wesen von Gottes Licht ist.

In der Kabbalah ist Chamuel (als Kamael) der Erzengel der *Geburah*, der fünften Sepirah (Aspekt Gottes)
am Baum des Lebens, was Stärke und Mut durch Ernst
und Beharrlichkeit anzeigt. Die Kabbala betrachtet Chamuel (Kamael) als einen der Seraphim, der höchsten
Ebene bei den Chören der Engel.

Als »der, der Gott sieht« zeichnet sich Chamuel durch allwissende Vision aus, und er sieht die Verbindung zwischen allem und jedem. Zu seiner heiligen Mission gehört die Manifestation universalen Friedens, indem er Menschen hilft, inneren Frieden zu erlangen, selbst in turbulenten Zeiten.

Chamuel benutzt seine Vision, um sicherzustellen, dass Sie und andere inneren Frieden erlangen, indem er Ihnen hilft, das zu finden, wonach Sie suchen. Von seiner himmlischen Perspektive aus kann Chamuel sowohl den Ort sehen, wo sich ein verlorener Gegenstand befindet als auch die Lösung für jedes Problem. Obwohl auf einer extrem hohen Ebene angesiedelt, ist er sehr bodenständig und ansprechbar, wie ein großer Mann, der vollkommen bescheiden geblieben ist.

CHAMUEL, DER FINDER-ENGEL

*»Lieber Erzengel Chamuel, danke, dass du mich
zu dem führst, wonach ich suche, einschließlich*
(nennen Sie spezifische Details über Ihre Suche).«

Die meisten Briefe erhalte ich von Menschen, die machtvolle Engelerfahrungen mit Erzengel Michael hatten, der sie rettet und beschützt; mit Erzengel Raphael, der sie heilt; und mit Erzengel Chamuel, der ihnen hilft, etwas zu finden *(in dieser Reihenfolge)*.

In dieser Hinsicht erfüllt Erzengel Chamuel eine Rolle ähnlich wie der heilige Antonius im Katholizismus, der ebenso hilft, verlorene Gegenstände zu uns zurückzubringen. Beide sind verblüffend schnell, wenn es darum geht, geliebte Erbstücke wie beispielsweise einen Ehering wiederzufinden.

Wenn Sie befürchten, diesen Engel mit Ihrer Bitte zu belästigen, Autoschlüssel oder Brillen zu finden, darf ich Sie beruhigen: Chamuel freut sich zu helfen! Ihm obliegt die wichtige Aufgabe, universalen Frieden herbeizuführen, und zu dieser Aufgabe gehört, den Menschen Stress zu ersparen. Wenn Sie also Angst haben, etwas zu verlieren, seien Sie versichert, dass Chamuel helfen möchte. Ihm fällt es leicht, Ihren verlorenen Gegenstand zu lokalisieren, da er den Fundort von *allem* sehen kann.

Außerdem kann Chamuel Ihnen helfen, Ihre Lebensaufgabe zu finden; einen besseren Job oder ein neues Zuhause; die für Sie richtige Beziehung; und alles, esoterisch oder greifbar, was Sie sich wünschen, solange es in Übereinstimmung ist mit dem Weg Ihres höheren Selbst. Er kennt Gottes Willen für Sie, also bitten Sie ihn um Hilfe, und Chamuel wird sich um den Rest kümmern.

Hier sind einige Beispiele der mysteriösen Art und Weise, wie Chamuel Menschen geholfen hat zu finden, was sie suchten.

Als Amanda Peart sich eine neue Handtasche kaufte, entleerte sie ihre alte und warf sie in den Müll. Unglücklicherweise merkte sie ein paar Tage später, dass ihr iPod in der alten Tasche gewesen war, die mittlerweile von der Müllabfuhr entsorgt worden war.

Entsetzt bat Amanda Erzengel Chamuel um Hilfe. Am nächsten Tag im Supermarkt öffnete sie ihre Tasche und war total verblüfft, ihren iPod darin zu finden. Sie sagt: »Ich weiß mit absoluter Sicherheit, dass der iPod am Tag vorher nicht drin war, weil ich vor lauter Verzweiflung und Wut, dass ich mein Telefon verloren hatte, alles aus meiner Tasche auf den Boden geschüttet hatte.«

Amandas Geschichte ist typisch für die Chamuel-Geschichten, die ich erhalte, bei denen es immer darum geht, dass der verlorene Gegenstand auf mysteriöse Weise plötzlich wieder auftaucht. Ich glaube fest daran, dass die Engel den Gegenstand zu uns zurückbringen, sobald wir Chamuel bitten, ihn für uns zu lokalisieren.

Darüber hinaus können Sie sich im Namen einer anderen Person an Chamuel wenden, wie Nicholas Davis feststellte.

Nicholas' Mitbewohner besaß eine sehr teure Sonnenbrille, die ihm besonders am Herzen lag, da er lange gebraucht hatte, die richtige zu finden. Doch eines Tages verlor er sie! Die beiden Freunde durchsuchten das ganze Haus, aber das kostbare Stück war weg.

Dann erinnerte sich Nicholas, dass Erzengel Chamuel hilft, verlorene Gegenstände wiederzufinden, also bat er ihn dafür zu sorgen, dass die Sonnenbrille zu seinem Freund zurückkehrt. Am nächsten Tag stand Nicholas auf und machte sich für die Arbeit fertig. Er hatte die Sache mit der Sonnenbrille ganz vergessen, bis er seinen Mitbewohner sah, der die Brille aufgesetzt hatte und vor Glück strahlte. Nicholas sagte: »Oh, ich dachte, du hättest die Brille verloren. Wo war sie?«

Sein Freund erwiderte: »Es ist ein Wunder! Als ich heute Morgen aufwachte, sah ich die Sonnenbrille auf dem Tisch liegen, und bitte frage mich nicht, wie oder warum sie da hingekommen ist, denn ich weiß es nicht. Sie war einfach da!«

Doch Nicholas wusste in seinem Herzen, dass Erzengel Chamuel das Wunder vollbracht hatte und sie jeden Tag überall auf der Welt viele Male vollbringt.

Wenn Sie Chamuel bitten, Ihnen zu helfen, etwas Verlorenes wiederzufinden, achten Sie sehr genau auf die Gedanken, Ideen, Visionen und Gefühle, die Sie empfangen. Denn auf diese Weise lässt Chamuel Sie wissen, wo und wie Sie das Objekt finden können. Vielleicht sagt er Ihnen, Sie sollen an einem Ort nachschauen, der Ihnen unlogisch erscheint, weil Sie dort bereits mehrere Male gesucht haben. Doch schauen Sie noch einmal nach, denn es ist sehr gut möglich, dass die Engel den Gegenstand in der Zwischenzeit dahin gebracht haben.

Gilian und Gary Smalley lieben es, den Menschen Erzengel Chamuels verblüffende Fähigkeit näherzubringen, verlorene Objekte zu finden. Sie erfuhren von dieser Fähigkeit, weil Chamuel ihre eigenen verlorenen

Gegenstände lokalisierte. Beim ersten Mal hatten sie eine wichtige Audiokassette verlegt. Nachdem Gillian Chamuel um Führung gebeten hatte, kam ihr immer wieder der Gedanke, im zweiten Fach eines Regals in der Garage nachzuschauen. Doch sie wusste, dass sie da schon mehrmals gesucht hatte, also verwarf sie diesen Gedanken ... bis eine Stimme ihr sagte: »Geh und schau noch einmal nach.« Und als sie dieser Aufforderung folgte, war das Tape tatsächlich da!

Beim zweiten Mal wurde dem Unternehmen des Ehepaares ein Gerichtsverfahren angedroht, und sie benötigten bestimmte Unterlagen, um ihre Verteidigung zu untermauern. Unglücklicherweise jedoch hatten sie zwei Jahre zuvor die ganzen Papiere entsorgt, also sagte Gillian zu ihrem Mann: »In den Augen Gottes ist nichts verloren, und daher werde ich Erzengel Chamuel bitten, die Unterlagen für uns zu finden.«

Als das Ehepaar zu Besuch bei Garys Bruder war und das Thema auf den bevorstehenden Prozess kam, sagte ihre Schwägerin: »Oh, da fällt mir was ein. Schaut mal, was ich gefunden habe – ich habe keine Ahnung, was wir damit anfangen sollen.« Es waren die Unterlagen, die die Smalleys zwei Jahre zuvor entsorgt hatten! Dank Chamuel hatten Gillian und Gary jetzt nichts mehr von dem Prozess zu befürchten.

Chamuel kann Ihnen helfen, *alles* zu finden, solange Sie bereit sind, hinzuhören und seiner Führung zu folgen, wie ein Mann namens Michael Muth entdeckte.

Als Michael sein Englisch-Deutsches Wörterbuch brauchte, ging er automatisch an den Ort, wo er es immer aufbewahrte – doch da war es nicht. Also suchte Michael das ganze Zimmer ab, aber ohne Erfolg. Dann suchte er im Wohnzimmer, in der Küche, auf dem Balkon und schließlich auch noch im Badezimmer.

Kein Wörterbuch!

Dann erinnerte sich Michael, dass Erzengel Chamuel uns bei der Suche nach verlorenen Objekten hilft, also beschloss er, ihn um Hilfe zu bitten. Innerhalb weniger Minuten erhielt er die Antwort in Form eines inneren »Wissens«, das ihm sagte, das Buch sei im Schlafzimmer. Und tatsächlich, da war es!

Wie ein Satellit kann Chamuel alles auf der Erde sehen. Das macht ihn zu einem wundervollen Gefährten, an den Sie sich wenden können, wenn Sie sich verloren oder ängstlich fühlen. Chamuel wird Sie sicher an Ihr Ziel führen, wie die Geschichte von Timothy deutlich zeigt.

Als Timothy eines späten Abends am Bahnhof einer ihm unbekannten Stadt ankam, war er nicht sicher, wo genau sein Hotel lag. Es gab keine Taxis, also machte er sich zu Fuß auf den Weg. Auf der Straße war niemand mehr unterwegs, der ihm die Richtung hätte zeigen können, daher bat Timothy Erzengel Chamuel, ihn zu dem Hotel zu führen.

Danach ging Timothy einfach weiter in der Hoffnung, jemanden zu finden, der ihm die Richtung zeigen konnte. Stellen Sie sich seine Überraschung vor, als er plötzlich vor dem Hotel stand, ohne dass er sich verirrt oder irgendwelche Umwege genommen hatte. Timothy hatte nicht die leiseste Ahnung gehabt, in welche Richtung er gehen musste, und jetzt lief er direkt auf den Eingang seines Hotels zu! Dank Chamuel war er ohne Probleme an seinem Ziel angekommen.

*G*anz gleich, ob Sie Ihren Seelengefährten oder einen besseren Job suchen oder wissen wollen, wo Sie Ihre Autoschlüssel hingelegt haben, Chamuel kann Ihnen Dank seines himmlischen Überblicks helfen. In unserem nächsten Kapitel werden wir Erzengel Ariel näher kennenlernen, der uns helfen kann, enger mit der Natur zusammenzuarbeiten.

Ariel

»Lieber Erzengel Ariel, bitte hilf mir,
den Kontakt mit der heilenden Kraft und
dem Geist der Natur aufzunehmen.«

Ariel ist auch bekannt als: Arael und Arieael
Ariels Name bedeutet: »Der Löwe oder die
Löwin Gottes«.

Erzengel Ariel wird in koptischen, apokryphischen und
mystischen jüdisch-christlichen Schriften sowohl als
Aufseher über die Natur als auch Regulierer der Unter-
welt bezeichnet. In dieser letzteren Funktion nimmt
Ariel die Gestalt der grimmigen Präsenz an, die jene
straft, die sich dunkler Machenschaften bedienen.

Die Assoziation Ariels mit dem Geist der Natur
wurde von Shakespeare geprägt, der diesen Erzengel
als Baumgeist in seinem Stück *The Tempest* (Der Sturm)
darstellt. In dem Stück erlangt Ariel im Namen des
Zauberers Prospero geheimes Wissen.

In dem biblischen Kapitel Isaiah gibt es einen Hinweis auf eine Stadt im heiligen Land mit der Bezeich-
nung Ariel, was laut Aussage von Theologen symbo-
lisch ist für Jerusalem, da es heißt, dass König David
dort gelebt hat.

Ariel ist auf Gemälden als kleine weibliche Fee dargestellt worden, um Shakespeares *The Tempest* zu illustrieren; und als zarter, junger, weiblich anmutender Engel in einem der Erzengel-Bilder von Sopo im Kolumbien des 17. Jahrhunderts – betitelt: »Ariel: Befehl Gottes«, obwohl es keinerlei Grimmigkeit vermittelt.

Das Geschlecht dieses Engels ist umstritten. Letzten Endes ist es jedoch nicht von Wichtigkeit, verglichen mit den mannigfaltigen Ressourcen, die Ariel für uns bereithält. Außerdem hat Ariel, genau wie die anderen Engel, keinen physischen Körper und ist deswegen geschlechtslos oder androgyn. Ariels Spezialitäten und Energie strahlen für mich Weiblichkeit aus, also habe ich Ariel immer als einen weiblichen Erzengel empfunden.

Ariel ist ein Heilungsengel, der eng mit Erzengel Raphael zusammenarbeitet, besonders wenn es darum geht, Vögel, Fischen und anderen Tieren zu helfen.

LEBENSAUFGABEN IM BEREICH UMWELTSCHUTZ

»Danke Erzengel Ariel,
dass du mich zu dem Weg führst,
auf dem ich am besten der Umwelt helfen kann.«

Es wird angenommen, dass Erzengel Ariel ein Führer des Engelschors der Tugenden ist – jene, denen die Aufsicht über die Ordnung des physischen Universums ob-

liegt und die über Sonne, Mond, Sterne und alle Planeten einschließlich der Erde wachen. Aus diesem Grund
ist Ariel eng involviert in alles, was mit Umweltschutz
zu tun hat. Wenn Sie sich berufen fühlen, in Bereichen
zu arbeiten, die sich mit der Ökologie der Erde, den
Ozeanen, der Luftqualität oder Tieren beschäftigt, dann
kann Ariel Ihnen helfen.

Als Susan* ein kleines Mädchen war, hatte sie einen
natürlichen Kontakt mit der Umwelt. Sie führte sogar
ihre Eltern durch jedes Zimmer ihres Hauses und beriet
sie, wie sie toxische Reinigungsprodukte und solche, die
Energie vergeuden, durch umweltfreundlichere Alternativen ersetzen konnten. Also ist es nur folgerichtig, dass
Susan heute als Erwachsene eine Beziehung mit dem
himmlischen Umweltspezialisten – Erzengel Ariel – entwickelt hat.

Zum Beispiel fühlte Susan sich deutlich von Ariel angeleitet, ihre umweltbezogene Tätigkeit zu erweitern.
Sie wusste nicht, wie sie das hinkriegen sollte, also bat
sie um Unterstützung. Sie fühlte den Beistand des Erzengels als intuitive Antwort: »Wenn ich meinem Engel-
Team vertraue, wird mir alles, was ich brauche, angebo-
ten werden.«

Und tatsächlich begann Susan wiederholt Zeichen
zu sehen, die ihr sagten, sie solle bei der Restaurierung
der örtlichen Parkanlage helfen. Susan erkannte, dass
es ihre Aufgabe war, Geld für diesen Zweck zu mobili-

---

* Name auf ihren Wunsch geändert

sieren, wusste jedoch nicht wie. Also gab Ariel ihr spezifische Zeichen und Führung, was sie veranlasste, ein Quilt-Decken-Projekt ins Leben zu rufen, zu dem jeder, der Lust dazu hatte, ein drei Zentimeter großes Quadrat beitragen konnte, das die persönliche Verbindung des Betreffenden zur Natur repräsentierte. Susan fühlte sich angeleitet, den fertigen Quilt bei der Lotterie am Earth Day (jedes Jahr am 22. April) zu verlosen und den Gewinn dem Restaurierungsprojekt zu stiften. Sie setzte diese Vision und ihre Intuition in die Tat um und ist bis auf den heutigen Tag in Kontakt mit Ariel bezüglich dieses und anderer Umweltprojekte.

MANIFESTATION VON MITTELN JEGLICHER ART

»Lieber Erzengel Ariel, bitte hilf meiner
Familie und mir, die Mittel und Unterstützung
zur Verfügung zu haben, die wir benötigen, um
ein glückliches gesundes Leben führen zu können.«

Als Engel der natürlichen Ressourcen unseres Planeten ist es Teil von Ariels Aufgabe, für die richtige Behandlung von Tieren und Menschen zu sorgen. Daher ist sein Tun darauf ausgerichtet zu garantieren, dass genug gesunde Nahrungsmittel, reines Wasser, angemessene Unterkunft und andere notwendige Ressourcen verfügbar sind.

Aus diesem Grund können Sie Ariel bitten, Ihnen zu helfen, Ihre irdischen Bedürfnisse und Notwendigkeiten zu erfüllen.

Als Amy McRay ihre Erzengel-Orakel-Karten durchmischte, flog die Karte von Erzengel Ariel mit der Botschaft »Wohlstand« aus dem Deck. Sie schlief ein, während sie über die Worte auf der Karte und das schöne Bild von Ariel meditierte, der ein Füllhorn in der Hand hält. Während sie schlief, konnte Amy sehen und hören, wie Ariel sie mit Wohlstand überschüttete.

Also war Amy sicher, dass Ariel seine Finger im Spiel gehabt hatte, als sie am nächsten Tag die Nachricht erhielt, dass sie bei einem Wettbewerb, an den sie sich schon gar nicht mehr erinnerte, einen Laptop gewonnen hatte! Und das Interessanteste dabei war, dass es bei dem Wettbewerb um das »papierlose« Büro ging, ein sehr umweltfreundliches Thema, das Ariel bestimmt befürwortet hätte.

VERBINDUNG MIT DER NATUR

»Danke Erzengel Ariel,
dass du mich der Natur nahebringst.«

Darüber hinaus kann Ariel Ihnen helfen, sicher und auf angenehme Weise mit der Natur zu interagieren. Ariel ist ein wundervoller Engel, wenn Sie zum Beispiel wandern oder campen. Und wie eine Frau namens

Ann McWilliam entdeckte, kann Ariel auch beim Barbecue helfen.

Eines Abends, als Ann Veggie-Burgers grillen wollte, wimmelte es vor winzigen Insekten. Sie wollte kein Insektenspray benutzen, also rief sie stattdessen Erzengel Ariel um Hilfe, da er der Natur-Erzengel ist. Ann sagte: »Erzengel Ariel! Bitte hilf mir, einen Weg zu finden, diese Insekten loszuwerden, ohne sie zu verletzen.«

Innerhalb von Sekunden kam ihr das Wort *Essig* in den Sinn. Einen Moment lang hatte sie Zweifel an der Bedeutung dieser Botschaft, doch sie wiederholte sich. Also besprühte Ann ihren Grill mit Essig, und die Insekten verschwanden und *blieben auch verschwunden*!

Erzengel Ariel wird auch Sie mit der nicht-physischen Seite der Natur bekanntmachen, wenn Sie um seine Unterstützung bitten. Wenn Sie schon immer Kontakt mit den Feen oder anderen Elementarwesen aufnehmen wollten, suchen Sie sich Ariel als Ihren Führer aus. Er wird Ihnen helfen, sich im Bereich der Naturgeister zurechtzufinden, damit Sie den wohlmeinenden Wesen begegnen können, die Gärten, Parks, Blumen, Bäume und Gewässer bevölkern.

Darüber hinaus kann Ariel helfen, wilde oder domestizierte Säugetiere, Vögel und Fische zu heilen. Ich selbst habe mehr als einmal einen verletzten Vogel in der Hand gehalten, während ich Ariel um Hilfe bat. Innerhalb von Minuten gewann der Vogel seine Lebenskraft zurück und flog davon.

*M*it seiner Verbindung zur Natur und zum Umweltschutz spielt Erzengel Ariel eine wichtige Rolle bei der Sicherstellung der Gesundheit unseres Planeten. In unserem nächsten Kapitel werden wir Kontakt mit dem tiefgründigen und mystischen Erzengel Metatron aufnehmen, der uns ebenso auf wichtige Weise hilft und leitet.

Metatron

*»Lieber Erzengel Metatron, bitte hilf mir,
meine Verbindung zu Gott zu vertiefen
und führe mich, damit ich die tiefe
Liebe des Göttlichen fühle und verstehe.«*

Metatron ist einer der beiden Erzengel, deren Namen nicht mit *–el* enden, was so viel bedeutet wie »von Gott«. Das liegt daran, dass sowohl Metatron als auch Sandalphon menschliche Propheten waren, die ein so frommes Leben führten, dass sie mit dem Aufstieg auf die Ebene der Erzengel belohnt wurden.

Es gibt keinen Konsens über den Ursprung des Namens Metatron, noch gibt es Aufzeichnungen über ihn, die ihn mit einem anderen Namen erwähnen. Der Talmud, der Zohar und das apokryphische Buch Enoch beziehen sich auf Metatron als den »Kleineren YHVH« (*YHVH* sind die hebräischen Buchstaben für Gott) und besagen, dass Metatron als Schriftgelehrter neben Gott sitzt. Manche Rabbis glauben, dass sich Gottes Aufruf im zweiten Buch Mose, dem Engel zu gehorchen, der den Massenauszug aus Ägypten führt, »da mein Name in ihm ist«, auf Metatron bezieht.

Obgleich Metatron in der kanonischen Bibel nicht namentlich erwähnt ist, wird die Verbindung mit Enoch (der zur siebten Generation nach Adam gehörte und ein Sohn von Jared und Ur-Ur-Großvater von Noah war) in der Genesis beschrieben. Dort steht, dass der 365 Jahre alte Enoch mit Gott gegangen ist; danach gab es ihn nicht mehr, da Gott ihn zu sich genommen hat. Später wird im Hebräischen gesagt, dass Enoch den Tod nicht erfahren musste und sein Körper nicht gefunden werden konnte, weil Gott den Propheten mitgenommen hatte.

Das mystische jüdische Buch Zohar beschreibt Metatron als »den höchsten Erzengel, mehr geschätzt als alle anderen Heerscharen Gottes«. Es heißt dort, dass Metatron über alles herrscht, über die lebenden Dinge auf der Erde und die lebenden Dinge im Himmel, und dass er der Vermittler zwischen Himmel und Erde ist.

METATRONS WÜRFEL

»Danke Erzengel Metatron,
dass du deinen heilenden Würfel benutzt,
um die Energie meines Körpers, meiner Seele
und meiner Emotionen zu reinigen.«

Metatron wird mit dem *Merkabah* assoziiert, der im Buch Ezekiel in der Thora als der Triumphwagen Gottes beschrieben wird. Der Wagen selbst besteht aus Engeln, und Seraphim treiben das Vehikel mit ihren Lichtblitzen an. Im Buch Enoch wird Metatron die

Kontrolle über den Merkabah zugeschrieben. Außerdem heißt es dort, dass der Sepiroth »Baum des Lebens« in der Kabbalah einen Merkabah-Triumphwagen für den spirituellen Weg darstellt. Metatron führt den Vorsitz über die erste Sphäre der Sephirot.

Heute hat die Assoziation von Metatron mit dem Merkabah mit »heiliger Geometrie« zu tun. Das Vehikel der Merkabah wird heute als eine Ansammlung platonischer Körper beschrieben, die die Basis aller physischen Materie darstellen. Wir nennen dies den »Würfel des Metatron« oder die »Blume der Liebe«.

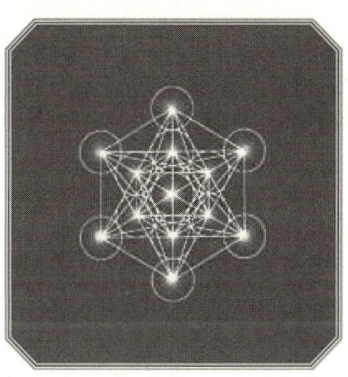

Erzengel Metatron benutzt den Merkabah-Würfel, um niedrige Energien zu klären und Heilung zu ermöglichen. Der Würfel dreht sich im Uhrzeigersinn und benutzt zentrifugale Kraft, um unerwünschte Energiereste wegzustoßen. Sie können sich an Metatron und seinen heilenden Würfel wenden, um sie zu klären. Seine Aurafarben sind kräftiges Pink und dunkles Grün.

Als sensitive Lichtarbeiterin absorbiert Sue Tanida emotionale und physische Energien der Menschen in ihrer Umgebung. Sie beeinflussen ihre Stimmung und Energielevel, und sie ist in ihrem Beruf so gefragt, dass sie nicht immer die Zeit hat zu meditieren und ihre eigenen Energien wieder ins Gleichgewicht zu bringen.

Aus diesem Grund war Sue erleichtert zu entdecken, dass Erzengel Metatron sich als große Hilfe zeigte, wann immer sie sich an ihn wandte! Sie sagte: »Bitte, Metatron, benutze deinen Würfel, um meine Energien ins Gleichgewicht zu bringen und mich von dem zu befreien, das nicht zu mir gehört oder mir nicht dient.«

Sue fühlt Metatrons Präsenz und sieht ihn vor ihrem inneren Auge, wie er seinen »Würfel« als Saugschlauch benutzt, um ihre Energiebahnen zu entblocken. Der Würfel geht energetisch durch die Spitze ihres Kopfes die Wirbelsäule hinunter und kommt wieder hoch mit jeglichem Schlamm, den sie absorbiert hat. Dann reinigt der Erzengel diese niedere Energie, und Sue fühlt sich erfrischt und neu belebt.

So wie Sue erfuhr auch Natalia Juna, dass sie ihre Körperenergie schnell klären konnte, indem sie Erzengel Metatron um seine Hilfe bat, also beschloss sie eines Tages, es zu versuchen. Als Erstes entspannte Natalia sich und dachte an Metatron, indem sie ihn mental bat, ihre Chakras zu reinigen. Sofort fühlte Natalia, wie Meatron ihr einen runden Energieball reichte, und sie wusste intuitiv, auf welche Weise sie mit ihren Händen über jedes Chakra streichen musste. Während sie damit beschäftigt war, konnte sie fühlen, wie die Energie sich veränderte und besser wurde. Vor allem fühlte sie eine deutliche summende Energie und Wärme, als der Ball ihr Herzchakra erreichte und alle alten Schmerzen auflöste.

Natalia war hoch erfreut über diese Erfahrung, da sie nicht nur ihre Chakras, ihren Körper und ihren Geist geklärt und geheilt, sondern auch ihr Selbstvertrauen bezüglich ihrer Intuition gestärkt hatte – etwas, für das sie gebetet hatte.

Als der Schriftgelehrte Gottes ist Metatron mit seiner heiligen Geometrie ein Lehrer esoterischen Wissens. Wenn Sie versuchen, hochentwickelte Konzepte zu verstehen, sind Erzengel Metatron und Erzengel Raziel (über den Sie im Kapitel »Raziel« mehr erfahren) wunderbare Lehrer, an die Sie sich wenden können.

Zum Beispiel merkte die Psychotherapeutin Sandra Guassi, dass sie die Grenzen dessen erreicht hatte, was die traditionelle Psychologie sie über das Leben und das Universum lehren konnte. Also begann sie mit dem Studium mystischer Themen wie beispielsweise Numerologie, Astrologie und alter esoterischer Weisheit.

Eines Tages meditierte Sandra darüber, den Kontakt mit ihrem Schutzengel aufzunehmen. Innerlich fragte sie den Engel nach seinem Namen und hörte klar und deutlich: »Metatron«. Der Name hallte so stark in ihrem Inneren wider, dass sie am ganzen Körper eine Gänsehaut bekam. Die Energie dieser Verbindung war so machtvoll, dass Sandra Tränen der Freude in die Augen stiegen.

Sobald sie nach der Meditation ihre Augen öffnete, begann Sandra die Gültigkeit der Botschaft in Frage zu stellen und frage sich, ob Metatron wirklich bei ihr war. Diese Frage wurde mit Führung beantwortet, durch die sie ermutigt wurde, Metatrons Name numerologisch aufzuschlüsseln und ihn mit der Numerologie ihres eigenen Namens zu vergleichen. Sie war von Ehrfurcht ergriffen zu sehen, dass *ihr* Name und der von Metatron den gleichen numerologischen Weg aufwiesen. Dies half Sandra, die Tatsache zu akzeptieren, dass der Erzengel ihr Schutzengel war.

Mittlerweile hat sich Sandra zur Engel-Therapeutin ausbilden lassen und eine enge Verbindung mit Metatron und anderen Engeln entwickelt.

Erzengel Metatron weiß über die Formbarkeit des physischen Universums, das in Wahrheit aus Atomen und Gedankenenergie besteht. Er kann Ihre Arbeit mit universalen Energien für Heilung, Verständnis und Lehren unterstützen und ist darüber hinaus in der Lage, die Zeit vor- oder zurücklaufen zu lassen.

Amy McRae hat gelernt, Erzengel Metatron zu vertrauen, damit sie pünktlich zu ihren Verabredungen kommt. Sie weiß aus Erfahrung, dass er Zeit und Raum nach Belieben biegen kann. Selbst wenn Amy weiß, dass sie zu spät dran ist, bringt Metatron sie irgendwie pünktlich an ihr Ziel – ohne dass sie zu schnell fahren muss, und meistens hat sie sogar noch ein wenig Zeit übrig. Amy hat bei ihrer Zeiteinteilung dank Erzengel Metatron so großen Erfolg gehabt, dass ihr Vater den Engel heute »St. Timex« nennt.

DER ENGEL HOCHSENSITIVER KINDER

»Lieber Erzengel Metatron,
bitte wache über meine Kinder und führe mich
zu der besten Möglichkeit, ihnen zu helfen, ihre
spirituellen Gaben zu entwickeln und beizubehalten.«

Erzengel Metatron lehrt sowohl Kindern als auch Erwachsenen esoterische Weisheit. Dabei scheint er ein besonderes Interesse an hochsensitiven jungen Menschen zu haben, die missverstanden oder sogar medikamentös behandelt werden, weil ihre spirituellen Gaben sie gesellschaftlich ausgrenzen.

Wenn Sie oder Ihr Kind Unterstützung brauchen bezüglich Sozialisierung in der Schule, am Arbeitsplatz oder in der Familie, kann Metatron helfen.

Nehmen Sie als Beispiel Melanie Orders, die zwei Töchter hat, die beide sehr sensitiv auf Energien, Chemikalien und alles Grobe reagieren. Der zehn Jahre alten Serene fällt es schwer, laute Geräusche oder jegliche Form von Wut oder Gewalt zu ertragen. Im Fernsehen Bilder von Kriegsschauplätzen zu sehen führte dazu, dass sie in der darauffolgenden Nacht nicht schlafen konnte. Melanie und ihr Mann hatten bis dahin nicht gewusst, dass Serene ein Kriegsbild gesehen hatte, das nur eine Sekunde lang aufgeblitzt war, als sie den Kanal umschalteten, gerade als Serene an dem Fernseher vorbeiging. Doch als sie nicht schlafen konnte und ständig weinen musste, nannte die Kleine den Grund für ihre Not: »Mommy, ich muss die ganze Zeit den Mann aus dem Fernsehen sehen.«

Also rief Melanie Erzengel Metatron um Hilfe an, den Wächter sensitiver Kinder. Und als sie ihre Augen schloss, sah sie die Vision eines hochgewachsenen Engels, der vor Serene stand. Metatron begann, Serenes Gedanken zu beruhigen und half ihr, das Kriegsbild loszulassen. Bald darauf sagte das kleine Mädchen, dass es ihr besser ging, und sie war in der Lage, ganz alleine einzuschlafen.

Melanie wendet sich des Öfteren mit der Bitte um Hilfe an Metatron, ihr bei der Erziehung ihrer Kinder zu helfen, damit sie sensitiv bleiben, doch gleichzeitig in Harmonie mit der zuweilen harschen Energie der äußeren Welt leben können. Sie und ihr Mann sind sich heute noch mehr der Sensitivität ihrer Töchter bewusst, und heute schaut sich niemand mehr die Nachrichten im Fernsehen an.

Melanies Arbeit mit Erzengel Metatron illustriert auf wunderbare Weise ihre Aufgabe, sensitiven und außersinnlich begabten Kindern zu helfen, in der materiellen Welt zurechtzukommen. Zuweilen sind hochsensitive Kinder unruhig und leiden unter Schlaflosigkeit.

Eines Nachts um 4 Uhr war Orietta Mammarellas kleine Tochter Jasmina unruhig und hielt damit auch ihre Eltern vom Schlafen ab. Sie zog ihren Vater am Ohr, sang Liedchen und spielte. Frustriert und müde appellierte Orietta an Erzengel Metatron, ihr zu helfen.

Kurz darauf hörte sie »Engelsflüstern« in ihrem Ohr, was ihr sagte, dass Jasmina in ihr eigenes Bett zurückgehen musste. Metatron beriet Orietta und sagte ihr, dass das kleine Mädchen die Grenzen seiner Eltern austestete. Also legte Orietta die Kleine in ihr Bettchen zurück und bat Metatron, er möge ihnen allen helfen, ruhig zu schlafen. Und es funktionierte! Jasmina schlief bis 9 Uhr morgens durch und gab der Familie eine wundervolle Gelegenheit, sich einmal richtig auszuschlafen.

Heute arbeitet Orietta häufig mit Metatron und bezeichnet den Erzengel als »Super-Nanny«.

Erzengel Metatron hilft nicht nur bei der Erziehung akut sensitiver Kinder, sondern auch bei Empfängnis und Schwangerschaft, wie Claire Timmis entdeckte.

Claire nimmt immer dann Kontakt mit Erzengel Metatron auf, wenn sie sich in der Nähe von Wasser aufhält. Sie nimmt Metatrons Energie als eine sehr hohe Frequenz wahr, weit jenseits dessen, was wir mit unseren menschlichen Sinnen wahrnehmen können. Für Claire ist seine Energie machtvoll aber sanft, und seine Führung ist fest und stark. Ihr ist aufgefallen, dass die meisten der Erzengel Liebe anbieten, doch dann vor Führung zurückschrecken, die als kontrollierend verstanden werden könnte. Metatron hingegen ist – wenn auch nicht kontrollierend – so doch sehr klar und unmissverständlich, wenn es um seinen Rat geht.

Als Claire eines Tages unter der Dusche stand, hatte sie eine Vision des Erzengels, der ihr sagte, dass sie bald ein Kind empfangen würde. Ein paar Wochen später merkte sie, dass sie schwanger war. Sie empfand ihre ganze Schwangerschaft als eine tiefgreifende spirituelle Erfahrung, und sie hat Metatrons Gegenwart und Unterstützung bei jedem Aspekt ihrer Mutterschaft gefühlt. Claire sagt: »Erzengel Metatron hilft mir, die Welt durch meine eigenen Handlungen und durch jene, die ich meine Kinder lehre, zu einem helleren und strahlenderen Ort zu machen.«

LEBENSAUFGABE, ZU DER DIE ARBEIT MIT HOCHSENSITIVEN KINDERN GEHÖRT

*»Danke, Erzengel Metatron, dass du
meine Lebensaufgabe als Heiler und Lehrer
für hochsensitive Kinder führst und unterstützt.«*

Wenn Sie sich dazu berufen fühlen, Kindern zu helfen, vor allem hochsensitiven und außersinnlich begabten jungen Menschen, dann kann Erzengel Metatron Sie in Ihrem Beruf beraten. Er weiß, welchen kindbezogenen Bereich Sie am sinnvollsten empfinden würden, und

wenn Sie ihn bitten, wird er Ihre Ausbildung und Job-
suche führen und Ihnen sowohl Arbeit als auch Klienten bringen.

Zum Beispiel erhielt die Engel-Therapeutin Kristy
Ayala (der Gabriel bei ihrer spirituellen Suche geholfen
hat, wie im Kapitel »Gabriel« beschrieben) in ihren
Meditationen klare Führung von Erzengel Metatron.
Sie suchte nach Wegen, sich von der traditionellen Psy-
chotherapie zu lösen und neue Heilmethoden zu finden. Jedes Mal, wenn sie um Führung bezüglich ihrer
wahren Lebensaufgabe bat, erschien ihr Erzengel Metatron. Er zeigte ihr, dass zu ihrer Aufgabe die Arbeit mit
hochsensitiven Kindern gehört, die häufig als *Indigo-,
Kristall-* und *Regenbogen-Kinder* bezeichnet werden.

Kristys Visionen waren sehr spezifisch. Der Erzengel
zeigte ihr, dass sie bei ihrer Arbeit mit diesen Kindern
und deren Eltern Schritt für Schritt geführt werden
würde, so wie es die jeweilige Situation erforderte. Sie
sagt: »Er zeigte mir, dass ich private Beratungs-Sessions
geben würde, mit der Betonung auf dem Verstehen und
der Verbindung mit ihrem spirituellen Weg.«

Außerdem enthüllte Metatron Kristy, dass sie Kurse
für Kinder, Eltern und andere Personen aus dem Bereich Kindererziehung geben würde, damit sie lernen,
wie sie mit den Engeln arbeiten können.

Nun, Metatrons Visionen und Führung haben sich
für Kristy realisiert, und ihre Kurse sind sehr gut besucht. Kristy sagt dazu: »Die Zusammenarbeit mit Erzengel Metatron hat mir erlaubt, die nötigen Informa-

tionen zu bekommen, um individuelle Sessions für jede Familie geben zu können, basierend auf ihren jeweiligen Bedürfnissen. Ich habe Erzengel Metatron als sehr hilfreich und liebevoll erfahren und als jemanden, der in hohem Maße für diese Familien und mich präsent ist, während ich mit ihnen arbeite.«

Obgleich Metatron ein hochentwickeltes Wesen ist, ist er aufgrund seiner Hingabe ans Lehren und die praktische Anwendung esoterischer Weisheit für jeden von uns problemlos erreichbar. Darüber hinaus kümmert er sich ganz besonders um hochsensitive Menschen.

In unserem nächsten Kapitel werden wir uns mit Erzengel Sandalphon beschäftigen, der als Metatrons Bruder bezeichnet wird, da sie beide einen ähnlichen Weg gegangen sind, indem sie zunächst menschliche Propheten waren und dann erst zur Ebene der Erzengel aufgestiegen sind.

Sandalphon

»Lieber Erzengel Sandalphon,
bitte übergib mein Gebet dem Himmel,
damit es gehört und beantwortet wird.«

Sandalphon ist auch bekannt als: Ophan oder
Sandolfon.
Sandalphons Name bedeutet: »Bruder« oder
»Bruder Gemeinsam«.

Wie bei Metatron, endet auch Sandalphons Name mit
der Silbe *–on* anstatt *–el*, was auf seinen Ursprung als
menschlicher Prophet hinweist.

Sandalphon war der biblische Prophet Elijah, der am
Ende seines Lebens als Mensch aufgestiegen ist, genau
wie Metatron. Und interessanterweise herrscht Metatron über den Eingang zu den Sphären des »Baum des
Lebens« in der Kabbalah, während Sandalphon über
ihren Ausgang herrscht.

In Sandalphons Inkarnation als menschlicher Prophet Elijah war er derjenige, mit dem Jesus verglichen
wurde, als er seine Apostel fragte: »Wer sagen die Menschen, dass ich sei?« Das mag daran liegen, dass von Elijah behauptet wurde, er sei ein Vorbote des kommen-
den Messias.

Zu den mit Sandalphon assoziierten Funktionen gehören seine Rolle als Fürsprecher der Gebete der Menschen zu Gott; seine Hilfe bei der Bestimmung der Geschlechtszugehörigkeit eines Kindes, bevor es auf die Welt kommt; sowie seine Funktion als Schutzheiliger der Musiker. Der Talmud und die Kabbalah beschreiben Sandalphon als den Engel, der die Gebete der Menschen von der Erde zum Himmel trägt. Der Grund dafür mag mit seiner legendären Größe zu tun haben, von der gesagt wird, dass sie von der Erde bis zum Himmel reicht.

Die letzte Sephirah des »Baum des Lebens« in der Kabbala wird *Malkuth* genannt, was sich auf den Zugang der Menschheit zu metaphorischem Wissen bezieht. Erzengel Sandalphon präsidiert über die Malkuth, die Kulmination spiritueller Erfahrung und Wissen, die in die physische Welt geleitet wird.

Mit anderen Worten: Sandalphon nimmt die Esoterik und setzt sie in praktische Anwendung um, während er unsere Gebete übermittelt und beantwortet.

Als zum Beispiel Jenn Prothero ihr Haus verkaufte, wusste sie nicht, wohin sie als nächstes ziehen würde. Jenn wusste nur, dass sie dem Stadtleben entfliehen wollte und dass die Engel sie zu dem perfekten Ort führen würden. Sie meditierte jeden Tag und bat die Engel um Unterstützung bei der Suche nach ihrem neuen Zuhause.

Jenn schaute sich ein paar Häuser an, doch keins fühlte sich richtig an. Hinzu kam, dass sie zu einem festgelegten Zeitpunkt aus ihrem Haus raus sein musste, damit die neuen Besitzer einziehen konnten.

Also wandte Jenn sich an Erzengel Sandalphon, der Gott unsere Gebete übermittelt und die Antworten von Gott zurückbringt. Sie sagte zu Sandalphon: »Bitte gehe zu Gott und bitte ihn um die Antworten, nach denen ich suche.« Am nächsten Morgen hörte sie während ihrer Meditation eine sanfte Stimme sagen: »McNaughton Street«. In dem Moment wusste Jenn, dass sie die Führung empfangen hatte, die sie suchte, also rief sie ihren Makler an. Tatsächlich stand in der McNaughton Street ein perfektes Haus zum Verkauf, und am darauf folgenden Abend unterschrieb Jenn den Kaufvertrag.

DER ENGEL DER MUSIK

»Lieber Erzengel Sandalphon, ich bitte dich,
die harmonische und heilende Musik der Sphären
durch meine Stimme und Instrumente
zum Ausdruck zu bringen.«

Sandalphon arbeitet mit den Engeln, die unaufhörlich zur Ehre Gottes singen und himmlische Musik kreieren, die uns allen Schutz bietet. Manche Theologen betrachten Sandalphon entweder als einen *hazan* (hebräisch für »Meister der Musik«) oder als den Schutzheiligen von Personen – hazans –, die meisterliche Musiker sind.

Fest steht jedenfalls, dass viele Musiker davon profitiert haben, wenn sie Erzengel Sandalphon um musikalische Hilfe baten. Ich selbst bitte ihn häufig, mir beim Gitarrespielen zu assistieren, oder wenn ich einen neuen Song lerne (vor allem einen schwierigen).

Songwriter und Sängerin Anna Taylor arbeitete an den Tracks für ihr Debutalbum *Already Here*, als ihr Produzent sie fragte, ob sie plane, auch einen Song über Engel aufzunehmen. Schließlich, so meinte der Produzent, war sie Engel-Therapeutin.

Doch widerstrebte es Anna, ein Lied über Engel zu komponieren, da es zu diesem Thema schon so viele gute Songs gibt. Doch schließlich entschied sie, nicht zuletzt auf Anraten ihres Produzenten, den Engel der Musik, Erzengel Sandalphon, um Inspiration und Unterstützung zu bitten. Innerhalb weniger Sekunden erhielt Anna die Hilfe, die sie erbeten hatte!

Sie öffnete ihren Laptop und begann, Worte zu ihrem Song einzugeben, so als würden sie ihr von Sandalphon diktiert. Dann schaute sie auf und sah einen Blitz türkisfarbenen Lichtes, die Farbe der Aura des Musikengels. Als das Lied fertig war, erkannte Anna, dass sie einen Song aufgeschrieben hatte, der alles ausdrückte, was sie über Engel sagen wollte.

Anna sagt dazu: »Ich fühle Sandalphons machtvolle Energie direkt vor mir, wenn ich dieses Lied singe, und gelegentlich kommt es vor, dass ich einen flüchtigen Blick auf seinen wunderschönen türkisfarbenen Glo-

rienschein erhasche, so als würde er ›Hallo‹ sagen.«
Heute bittet Anna Sandalphon für alles um Hilfe, was
mit ihrer Musik zu tun hat.

Sandalphons anmutige und machtvolle sanfte
Präsenz kann Sie bei der Entwicklung einer enge-
ren Beziehung mit Gott und Ihrer Spiritualität
unterstützen. Er wird Ihnen helfen, die Liebe des
Göttlichen und das sichere Wissen zu fühlen, dass
Sie beschützt und umsorgt sind. Im nächsten Kapitel werden wir den Kontakt mit Erzengel Azrael
aufnehmen, der uns bei Endungen, Wandel und
Übergängen zur Seite steht.

Azrael

»Lieber Erzengel Azrael, bitte heile mein Herz
und hilf mir, in meinem Leben weiterzugehen.«

Azrael ist auch bekannt als: Ezraeil, Izrail,
Izrel oder Mala al-Maut.
Seine Name bedeutet: »Dem Gott hilft«

Azrael ist der »Engel des Todes«, in der schönsten und
heilsamsten Bedeutung des Wortes. Das hat nicht das
Geringste zu tun mit dem morbiden Image eines grol-
lenden Sensenmannes, der Menschen für immer raubt.
Im Gegenteil, Azrael ist ein Trauerberater, der die Seelen nach ihrem Übergang liebevoll zum Himmel geleitet. Danach tröstet er die Hinterbliebenen und hilft
ihnen, von ihrer Trauer zu genesen.

In der islamischen Theologie heißt es, dass Azrael
mit tiefster Ehrfurcht Gottes Willen für die Seele des
Verstorbenen ausführt.

Manchmal wird Azrael mit dem ähnlich klingenden
Azazael verwechselt, der als Dämon oder gefallener
Engel bezeichnet wird. Doch die Persönlichkeit, Aufgaben und Energien dieser beiden Wesenheiten könnten
nicht unterschiedlicher sein. Unser Azrael ist ein reines
und vertrauenswürdiges Wesen von Gottes Licht.

HEILUNG
FÜR DIE UNTRÖSTLICHEN

Azrael hilft bei allen Aspekten von Verlust, Tod und Übergang. Wenn Ihr Herz von Trauer überwältigt ist, bitten Sie Erzengel Azrael um Heilung und Hilfe, so wie es Carmen Carignan getan hat.

Die Weihnachtszeit war schwierig für sie gewesen, da ihre Mutter kurz zuvor gestorben war. Carmen vermisste ihre Mutter sehr, vor allem weil ihr Geburtstag in diese Zeit fiel. Schon seit längerem hatte Carmen die geistige Präsenz ihrer Mutter gespürt oder war im Traum von ihr besucht worden.

Also wandte sich Carmen an Erzengel Azrael mit der Bitte um Trost und Beistand während der Feiertage. Sie bat den Engel, ihr ein Zeichen zu schicken, dass ihre Mutter in der Nähe war und es ihr gut ging.

Nun, Carmen bekam ihr Zeichen am Weihnachtsabend, als sie und ihre Familie die Geschenke unterm Weihnachtsbaum auspackten. Nachdem alle Gaben verteilt waren, gab Carmens Bruder ihr eine Geschenkbox. Als sie die Box öffnete, stieg ihr ein vertrauter süßer Duft in die Nase: Das Geschenk war der handbestickte Kosmetikbeutel ihrer Mutter!

Carmen zog den Reißverschluss des Beutels auf und drückte den Inhalt wehmütig-froh an ihr Herz, da die darin befindliche halbleere Parfumflasche und Lotion mit der Energie und Präsenz ihrer Mutter erfüllt war. Carmens Bruder erklärte, dass er den Beutel in seinem

Haus gefunden hatte, ohne sich erklären zu können, wie er dorthin gekommen war. Er wusste einfach, dass er ihn Carmen geben musste.

Sie sagt dazu: »Mein Herz floss über und Tränen stiegen mir in die Augen, als mir klar wurde, dass diese wunderbare Überraschung auf göttliche Weise von Erzengel Azrael arrangiert worden war als Zeichen dafür, dass es meiner Mutter gut ging, genau wie ich es von ihm erbeten hatte. Dies war ohne Frage das schönste Weihnachtsgeschenk, das ich je bekommen habe, da es so viel inneren Frieden und Ruhe in meine Seele gebracht hat.«

Verlust kann viele Formen annehmen, und Trauer ist die normale Reaktion auf jede Form von Beendigung. Zum Glück ist Erzengel Azrael da, um uns aufzufangen, wann immer wir fallen, wie Claudio Moreno erfuhr, als er und seine Freundin sich trennten.

Tatsächlich nahm Claudio zum ersten Mal Kontakt mit Erzengel Azrael auf, als die Frau, die er liebte, ihn ohne Erklärung verließ. Er betete um geistigen Beistand, sowohl um eine Versöhnung herbeizuführen, als auch um sich besser zu fühlen. Doch tief in seinem Inneren musste er zugeben, dass er eigentlich traurig bleiben und sich selbst leidtun wollte.

Eines Nachts, während er über seine verlorene Beziehung trauerte, öffnete Claudio wahllos mein Buch »Die Erzengel und wie man sie ruft« auf einer Seite, wo von Erzengel Azrael die Rede war. Bis dahin hatte Claudio nichts von dem Engel gewusst, also las er die Anrufung auf der Seite und legte das Buch dann weg.

Ein paar Tage später schickte Claudios Mutter ihm einen sehr interessanten Artikel über Teotihuacán in Mexiko. Dies hörte sich an wie ein wundervoller Ort, um heilende Ferien zu verbringen. Also nahm Claudio Kontakt mit seinem Freund Hector in Mexiko auf, der »zufällig« gerade dabei war, im gleichen Monat eine geführte Reise nach Teotihuacán und andere mexikanische Städte zu leiten. In dem Wissen, dass dies ein eindeutiges Zeichen war, fuhr Claudio nach Mexiko, um an Hectors Tour teilzunehmen.

Auf der Reise begann Hector spontan, über Engel des Todes zu reden, wobei Claudio später erfuhr, dass es sich dabei um die Rolle von Erzengel Azrael handelte. Am gleichen Abend hatte er ein weiteres Zeichen von Azraels Gegenwart, als er einen Roman von John Irving zu lesen begann und dort einen weiteren Hinweis auf den Engel des Todes fand.

Claudio fragte sich, was diese Zeichen wohl bedeuteten. Er konnte die Präsenz des Engels fühlen, wie er ihm half, die Trauer über seine Beziehung zu überwinden, doch konnte er seine Botschaften nicht hören. Am nächsten Tag besuchten Claudio, Hector und der Rest der Gruppe Teotihuacán und gingen Hand in Hand auf dem »Pfad der Toten«.

Während dieser gehenden Meditation sah Claudio eine geistige Vision eines blonden Mannes mit riesigen weißen Flügeln, der eine blass burgunderfarbene Rüstung und einen leichten Helm trug. Claudio empfand ihn als sehr intensiv und schön.

Innerlich sagte Claudio: *Ich weiß, du bist Azrael, der Engel des Todes, und ich weiß, dass du hier bist, um mir zu helfen.* Claudio fiel auf, dass der Engel einen riesigen Speer in der Hand hielt, und mental flehte er Azrael an, seinen Speer zu benutzen, um seine schmerzhaften Gedanken und Gefühle zu beseitigen. Claudio fühlte sich viel besser, als er spürte, wie Azrael sein Herz von der Trauer um die verlorene Beziehung heilte.

Als Claudio wieder zu Hause war, setzte er seine Kommunikation mit Azrael fort. Die Botschaften und Hilfe, die der Erzengel für ihn bereithielt, waren fest und klar. Claudio fasst sie wie folgt zusammen:

»Azrael ließ mich wissen, dass ich selbst verantwortlich war für die Schaffung dieser Hölle, in der ich mich befand. Ich alleine hatte sie kreiert, niemand anders, und er erinnerte mich daran, dass ich anderen nicht die Schuld an meinen Gefühlen geben kann. Außerdem machte er mir verständlich, dass ich durch mein Festhalten an Angst und schlechten Gefühlen nicht nur mir selbst wehtat, sondern dazu beitrug, dass es der Welt schlechter ging.

Darüber hinaus wollte Azrael mich wissen lassen, dass er es liebt, Menschen von ihrer Angst zu erlösen. Ich sollte wissen, dass er sich immer dann, wenn ich es ihm erlaube, in die Abgründe meiner persönlichen Hölle begeben und mich retten würde. Seit damals hat er sein Versprechen viele Male eingehalten und mich gerettet, und heute hilft er mir darauf zu achten, dass mein Geist keine Ideen und Gedanken kreiert, die meinem emotionalen Körper schaden.«

Claudio lernte von Azrael, dass das Schlachtfeld der Liebe versus Angst sich nur in seinem Kopf abspielte und nirgends sonst. Azrael zeigte ihm, dass die einzig wichtige Entscheidung darin besteht, dass wir uns auf Liebe einstimmen. Claudio schätzte Azraels praktische und logische Lehren, und er wandte sie an, um sein Herz und seine Seele zu heilen und neue Leichtigkeit und Glück zu finden.

Unterstützung
für Trauerberater

Doch Erzengel Azrael hilft nicht nur den Trauernden und Untröstlichen, sondern auch allen, die als Trauerberater tätig sind. Auf Ihre Bitte kann Azrael Ihre Worte führen, wenn Sie zu einem leidtragenden Menschen sprechen, damit Sie tröstende Worte wählen. Außerdem kann Azrael helfen, eine schöne und ergreifende Trauerrede zu halten.

Wenn Sie professioneller Trauerberater sind, dann wissen Sie, wie häufig sich ungeheilter Schmerz in emotionale und Beziehungsprobleme, Suchtverhalten und andere psychische Krankheiten verwandelt. Daher ist es eine gute Idee, Azrael in Ihre Heilungspraxis einzuladen.

Während einer Periode von 12 Monaten sind drei enge Verwandte von Therapeutin Kristy Ayala gestorben. Es blieb nicht viel Zeit, um den einen lieben Menschen zu trauern, bevor schon der nächste starb. Zum Glück hatte Kristy den Beistand ihres Mannes und die tröstende Hilfe von Erzengel Azrael.

Während Kristy von ihrer Trauer zu heilen begann, zeigte Azrael ihr, dass sie bald die gleiche Art von Beistand und Hilfe anderen Menschen geben würde, die einen lieben Menschen verloren hatten. Der Erzengel erklärte, dass Kristy hellsichtige Sessions durchführen würde, um ihre Klienten mit deren verstorbenen Familienmitgliedern in Kontakt zu bringen.

Am Anfang fürchtete Kristy, dass ihr die Verzweiflung ihrer Klienten zu intensiv sein könnte, da sie ihre eigene Trauer noch nicht gänzlich überwunden hatte. Azrael versicherte ihr jedoch, dass er bei ihren Sessions anwesend sein würde, um alle Beteiligten zu unterstützen. Als sie das nun hörte, begann Kristy, sich auf ihre Arbeit als Medium einzulassen, und heute ist diese Art persönlicher Beratung ihre bevorzugte und liebste Heilungsmodalität.

Azrael unterstützt auch weiterhin Kristys persönliche und berufliche Trauerarbeit und mediumistische Sessions, vor allem wenn sie oder ihre Klienten Trost brauchen.

Erzengel Azrael hält unsere Hand und gibt uns Kraft während wichtiger Lebensveränderungen. Er hilft uns anzuerkennen, dass Beendigung und Neubeginn etwas ganz Natürliches sind, und damit umzugehen. Im nächsten Kapitel werden wir Kontakt mir Erzengel Jophiel aufnehmen, der uns zeigt, wie wir ein Leben voller Schönheit kreieren können.

Jophiel

»Lieber Erzengel Jophiel, danke,
dass du mir hilfst, meine Gedanken und
mein Leben zu verschönern.«

Jophiel ist auch bekannt als: Iofiel, Iophiel,
Zaphiel oder Zophiel
Jophiels Name bedeutet: »Schönheit Gottes«

Jophiel wird im Buch Pseudo-Dionysius *De Coelesti
Hierarchia* (»Himmlische Hierarchie«) aufgeführt, einem Werk über Engellehre aus dem 5. Jahrhundert, das
einen erheblichen Einfluss auf die christliche Theologie
hatte. Es wird gesagt, dass diese Arbeit die Texte Tho-
mas von Aquins über die neun Chöre der Engel beein-
flusst hat.

Als der Engel der Schönheit strahlt Jophiel eine deutlich weibliche Energie aus. Seine Mission ist es, Schönheit zu allen Aspekten des Lebens zu bringen, einschließlich:

• **Gedanken:** Jophiel hilft Ihnen, Ihr Leben, Ihre Beziehungen und Umstände mit positiveren Augen zu
sehen.

- **Gefühle:** Jophiel erfüllt Ihr Herz mit warmen Gefühlen der Dankbarkeit und Freude.

- **Zuhause und Arbeitsplatz:** Jophiel hilft Ihnen, Ge-
rümpel und Unordnung zu beseitigen und eine
sinnvolle, angenehme Umgebung zu schaffen, die
Ihre Arbeit und Entspannung fördert.

- **Persönliches Selbst:** Jophiel führt Sie bei allen Aspekten Ihrer Selbstfürsorge und hilft Ihnen, sich in
jeder Beziehung zu verschönern.

Erzengel Jophiel kann Ihnen helfen, schnell von einer
negativen zu einer positiven Denkart überzugehen.
Außerdem ist er genau der richtige Engel, an den Sie
sich wenden können, um Missverständnisse mit anderen Menschen auszuräumen.

Mit seiner Fähigkeit, Schönheit in Ihr Leben zu bringen, streckt Jophiel seine Flügel weit in jede Richtung
aus und hilft Ihnen unter anderem, die richtige Frisur,
Make-up und Kleidung für jeden Anlass zu wählen.

Manchmal fürchten Menschen, Engel mit trivialen Sorgen und Wünschen zu »belästigen«, weil sie glauben,
dass ihre Bitte die Engel von wichtigen Aufgaben ab-
hält. Doch wie ich bereits gesagt habe, sind Engel unbegrenzte Wesen, die einer unbegrenzten Anzahl von
Menschen und Situationen gleichzeitig beistehen können. Sie würden gerne noch viel mehr in unser Leben

involviert sein, sowohl was die kleinen als auch die großen Aspekte betrifft, um uns zu helfen, in jedem Moment unseres Lebens von Frieden erfüllt zu sein.

Als Karen Forrest zum Beispiel einen Fernsehauftritt hatte, um ihr Buch vorzustellen (Näheres dazu im Kapitel »Gabriel«), fragte ihre Schwester Lisa sie, was sie anziehen würde. Karen erwiderte, dass sie noch nicht hundertprozentig sicher sei. Lisa sah total entgeistert aus, als sie hörte, dass Karen so kurz vor ihrem Auftritt noch kein Outfit ausgesucht hatte.

Karen beruhigte ihre Schwester und sagte, dass Erzengel Jophiel sich schon um ihre Garderobe kümmerte. Schließlich hatte er ihr schon in der Vergangenheit beim Einkaufen und Anziehen geholfen. Dann bat Karen Erzengel Jophiel, sie bei der Wahl des richtigen Outfits zu führen. Und als der Zeitpunkt gekommen war, sich zurechtzumachen, bat sie den Engel noch einmal um Hilfe.

Sofort entspannte Karen sich und sah ein mentales Image einer kurzärmeligen grauen Bluse. Als sie die Bluse anprobierte, merkte sie, dass sie toll aussah und ihre Körperhaltung während des Interviews, das im Sitzen geführt werden sollte, optimal betonte.

So wie Karen habe auch ich mehr als einmal Jophiel angerufen, mir bei der Auswahl meiner Garderobe zu helfen. Für den Fall dass Sie denken, Verschönerung oder Einkaufen sei zu trivial für einen Erzengel Gottes, vergessen Sie nicht, dass Jophiel und die anderen Engel

Gottes Willen für Frieden auf der Erde in die Tat umsetzen. Daher ist es den Engeln eine heilige Ehre, uns bei allem zu helfen, was uns Frieden bringt.

Maria de Los Angeles Duong hat aus eigener Erfahrung gelernt, welch wunderbarer Einkaufsgefährte Jophiel ist. Weit entfernt davon, die Funktionen dieses machtvollen Engels zu trivialisieren, können Sie Jophiel jederzeit um Hilfe bitten, wenn Sie mehr Schönheit in Ihr Leben bringen wollen ... und dazu gehört das Einkaufen von ästhetisch ansprechenden Kleidungsstücken, Möbeln oder anderen Dingen.

Maria hatte seit einiger Zeit nach einem lila Schal und Pullover und flachen schwarzen Ballerinas gesucht, aber ohne Erfolg. Und besonders was die Schuhe betraf hatte Maria noch nichts Vergleichbares gefunden, da sie in ihrer Größe überall ausverkauft zu sein schienen.

Dann fiel ihr ein, dass Jophiel, der Engel der Schönheit, helfen konnte, schöne und erschwingliche Kleidung zu finden. Also bat Maria den Engel, sie an die richtigen Orte zu führen, wo sie die gewünschten Dinge finden konnte. Im nächsten Moment fühlte Maria sich angeleitet, zu einem kleinen Einkaufszentrum zu fahren, was sie sonst nie frequentierte. Maria war nur wenig überrascht, als sie ihre bis dato schwer zu findenden Schuhe und Pullover auf Anhieb fand, und zwar in ihrer Größe und zu einem reduzierten Preis!

Voller Freude dankte Maria dem Engel für diese Hilfe. Als nächstes führte Jophiel sie zu einem Laden, wo sie zwei wunderschöne lila Schals fand – doch die

Wahl fiel ihr schwer. Der Erzengel muss ihr ein paar Erdenengel zu Hilfe gesandt haben, denn einen Moment später bemerkte eine andere Käuferin, dass die kräftige lila Farbe Maria äußerst gut zu Gesicht stand und viel schöner war als die des anderen Schals.

Glücklich mit ihrem Schnäppchen, trug Maria den Schal während des restlichen Einkaufstrips und erhielt ob seiner leuchtenden Farbe zwei weitere schöne Komplimente. Maria sagt dazu: »Vielen Dank, wunderschöner Erzengel Jophiel!«

DER FENG SHUI-ENGEL

Wenn Sie Jophiel bitten, Ihnen zu helfen, mehr Schönheit in Ihr Leben zu bringen, fühlen Sie sich vielleicht veranlasst, nicht mehr benötigte Gegenstände oder Dinge zu verkaufen oder zu verschenken. Ich spreche von Jophiel liebevoll und mit Respekt als den »Feng Shui-Engel«, nach der alten asiatischen Kunst der Anordnung des Raumes. Jophiel weiß, wie positiv sich eine aufgeräumte Umgebung auf unseren Energielevel, unsere Stimmung, unser Schlafmuster und sogar auf unsere Gesundheit auswirkt.

Jophiels Glorienschein ist von einem satten Fuchsia. Wenn Sie also anfangen, Blitze oder Funken von leuchtend pinkfarbenem Licht zu sehen oder sich plötzlich zu dieser Farbe hingezogen fühlen, ist das ein Zeichen, dass dieser Erzengel bei Ihnen ist.

Jophiel erinnert uns an die Freude, die Schönheit in unser Leben bringt und wie sie uns hilft,
heiterer und glücklicher zu sein. Im nächsten Kapitel werden wir den strahlenden Erzengel Haniel
kennenlernen.

Haniel

*»Lieber Erzengel Haniel,
danke, dass du mir hilfst, mich selbst,
andere und mein Leben mit Anmut und
Dankbarkeit anzunehmen.«*

Haniel ist auch bekannt als: Aniel, Hanael oder
Hanniel
Haniels Name bedeutet: »Die Gnade Gottes«.

In der Kabbalah präsidiert Haniel über die *Netzach*,
die vierte Sephirah (Emanation vom Willen Gottes).
Diese Sphäre hat mit Sieg zu tun und repräsentiert unsere
innere Welt der Intuition, Imagination und Emotionen.

Die Netzach-Sephirah kennzeichnet den Beginn des
freien Willens des Menschen sowie den Ausdruck der
Ausdauer und Beharrlichkeit. Sie ist die Verkörperung
der irdischen Liebe.

Ähnlich wie die Erforschung der Intuition und Imagination
der Netzach strahlt der Erzengel Haniel vergleichbar
dem vollen Mond innere Qualitäten nach außen.
Mit seiner geheimnisvollen und femininen Aura
wird Haniel seit der Zeit der Babylonier verehrt, als die
Astronomie Teil der Religion wurde.

Erzengel Haniel kann Ihnen helfen, sowohl Ihre Intuition und hellsichtigen Fähigkeiten zu entwickeln als auch jeden Aspekt der heiligen weiblichen Energie. Haniel ist im Wesentlichen ein göttinnenähnlicher Erzengel, jedoch nicht zu verwechseln mit dem Engel des Planeten Venus, Anael.

Haniel ist der Engel des Mondes, besonders des Vollmondes und daher einer Mond-Gottheit ähnlich. Dennoch bleibt er ein monotheistischer Engel, dem Willen und der Verehrung Gottes hingegeben.

EMOTIONALE UND PHYSISCHE PROBLEME BEI FRAUEN

Es ist ganz besonders empfehlenswert, sich während des Vollmondes an Haniel zu wenden, vor allem wenn es irgendetwas gibt, dass Sie gerne loslassen oder heilen wollen. Haniels kann besonders bei Frauenproblemen jedweder Art sehr hilfreich sein.

Natalie Yates arbeitet bereits seit einigen Jahren mit Erzengel Haniel. Sie empfindet Haniels Energie als sanfte Stärkung, begleitet von einer besonderen Liebenswürdigkeit.

Da Haniel mit dem Mond assoziiert wird, wendet Natalie sich häufig während des Vollmondes an den Erzengel, um jegliche Negativität loszulassen. Sie geht nach draußen, lässt sich vom Mond bescheinen und sagt: »Ich bitte Erzengel Haniel und die Energie des

Vollmondes, mir zu helfen, ... (nennen Sie das Thema) loszulassen.«

Innerhalb von Momenten spürt Natalie dann eine Woge von Energie, die sich anfühlt wie eine Art fegender Bewegung, die über sie hinwegstreicht. Sie kann praktisch sehen, wie Haniels Flügel über ihr flattern und den Rest der Energie beseitigen, die sie loslässt.

Außerdem hatte Natalie jedes Mal großen Erfolg, wann immer sie Haniel bat, ihre Menstruationsschmerzen zu erleichtern. Sie sagt, dass es am Anfang eine Weile brauchte, bis sie Erleichterung verspürte, nachdem sie Haniel um Hilfe gebeten hatte. Doch je mehr sie mit dem Erzengel arbeitet, desto schneller kommt jedes Mal die Hilfe. Darüber hinaus wurde Natalie angeleitet, einen Mondstein-Anhänger in das Licht des vollen Mondes zu halten, um ihn mit »heilender Energie aufzuladen« und den Stein immer während ihrer Periode zu tragen.

Natalie ruft Erzengel Haniel während des Vollmondes an, damit er ihr helfen möge, alte Muster und Negativität loszulassen. Sie sagt, dass ihr Körper, wenn sie im Mondlicht draußen ist und Haniel anruft, von Kopf bis Fuß in einer Art »Engel-Prickeln« erschauert, während sie physisch die machtvolle Heilungsenergie des Erzengels über sich hinwegstreichen fühlt. Danach fühlt sie sich dank Haniel und Vollmond jedes Mal erfrischt und um ein Vielfaches leichter.

Natürlich können Sie Haniel jederzeit anrufen, nicht nur bei Vollmond. Der eEzengel hat eine weiche, lieb-

liche weibliche Präsenz, die gleichzeitig königlich ist.
Sie erinnert mich an eine magische Prinzessin.

Außerdem ist Haniel eine sehr mitfühlende Heilerin
bei gebrochenem Herzen und anderen emotionalen
Schmerzen.

Zum Beispiel war Jessica Welsh unglücklich über
eine schmerzhafte Liebesbeziehung, in der es den Anschein hatte, als ob sie und ihr Partner nie eine wirkli-
che Verbindung herstellen konnten. Also meditierte sie
und bat die Engel, ihr bei der Heilung ihrer Beziehung
zu helfen. Jessica sah und fühlte Haniel sehr deutlich.
Der Erzengel fächelte mit seinen Händen über Jessicas
Körper und hielt bei jedem Chakra inne, um niedere
Energien herauszuziehen und hüllte sie dann in weißes Licht. Auch Erzengel Raphael gesellte sich kurzfris-
tig zu Haniel, um Jessica mit grünem heilenden Licht
zu umgeben. Als Raphael ging, erklärte Haniel Jessica:
»Jetzt bist du geheilt.«

Jessica erinnert sich, dass sie sich nach den Heilungs-
sessions mit Haniel und Raphael besser gefühlt hatte
als je zuvor in ihrem Leben. Seit jener Session ist sie
nicht länger traurig wegen ihrer gescheiterten Beziehung
oder wütend auf ihren Ex-Partner. Sie ist wahrhaftig
weitergegangen in ihrem Leben!

INTUITIVE HILFE

Als Ausdruck der inneren Welt der Intuition ist Erzengel Haniel ein hilfreicher Führer für alle, die ihre spirituellen Gaben wie beispielweise Hellsichtigkeit entwickeln wollen.

Haniels bläulich-weißer Glorienschein erinnert mich an den Mond, und das Tragen von Mondstein verstärkt intuitive Übermittlung und hilft Ihnen außerdem, sich mit Haniel verbunden zu fühlen.

Auch Männer sowie Frauen profitieren davon, den Kontakt mit diesem Erzengel aufzunehmen, da Männer ebenso feminine Energie haben (und Frauen männliche Energie). Haniel kann Männern und Frauen helfen, zu ihrer inneren Führung zu erwachen und ihr zu vertrauen.

Erzengel Haniel hilft uns, die reichen Quellen der Weisheit anzuzapfen, die in unserem Inneren schlummern, und uns einer klaren Kommunikation mit dem Göttlichen zu erfreuen. Im nächsten Kapitel nun werden wir mit einem anderen mystischen und magischen Erzengel Kontakt aufnehmen: Raziel.

Raziel

*»Lieber Erzengel Raziel, danke,
dass du mein spirituelles Verständnis zu einem
Ort des Wissens und der Weisheit führst.«*

Raziel ist auch bekannt als: Ratziel
Raziels Name bedeutet: »Geheimnisse Gottes«

Die Legende besagt, dass der Erzengel Raziel so nahe am Thron Gottes sitzt, dass er alles hört und aufschreibt, was Gott sagt. Raziel fasste das so erlangte Wissen in einem Buch mit dem Titel *Sefer Raziel HaMulach* oder »Das Buch von Raziel dem Engel« zusammen. Von diesem Werk wird behauptet, dass es alle Weisheit des Universums enthält, und Raziel gab eine Kopie dieses Buches Adam, dem ersten Menschen.

Die Legende besagt außerdem, dass das Buch Noah half, das Wissen zu erlangen, wie er seine Arche bauen konnte. Das Buch wurde von einer Generation zur anderen weitergereicht, bis es zu König Salomon kam. Eine moderne Pseudoversion dieses Buches mit demselben Titel ist heute in Buchläden erhältlich.

Raziel (als Ratziel) ist der Erzengel der *Chokmah*, zweite Sephirah (Aspekt Gottes) am *Baum des Lebens* in der Kabbalah. Dort herrscht Raziel über die Verwandlung von Weisheit in praktisches Wissen. Der Erzengel hilft uns Menschen, unser Wissen zu verfeinern, bis es spiritualisiert und zu unserer zweiten Natur wird. In der Chokmah-Sphäre lernen wir, fokussiert zu bleiben und verführerische Ablenkungen zu vermeiden. Dies erfordert, dass wir uns auf unser höheres Selbst einstimmen, das unsere Verbindung zu göttlicher Weisheit ist.

Raziels Persönlichkeit ähnelt der eines weisen alten Magiers. Stellen Sie sich Merlin vor mit riesigen Adlerflügeln, und Sie werden ein Gespür für Raziels Energie bekommen. Dieser magische Erzengel ist glücklich, esoterische Weisheit zu vermitteln, besonders wenn es um Heilung geht.

Sein Glorienschein hat die Farben des Regenbogens, vergleichbar dem Funkeln des Sonnenlichts, das durch einen klaren Quarzkristall reflektiert wird.

DIE WEISHEIT
ANDERER INKARNATIONEN

»Danke, Erzengel Raziel, dass du mir hilfst,
jegliche Ängste aus früheren Lebenszeiten zu heilen,
damit ich mich klar auf meine heutige göttliche
Lebensaufgabe fokussieren kann.«

Als Bewahrer der Aufzeichnungen überlieferter Weisheit und Geheimnisse sieht Erzengel Raziel das Buch des Lebens oder die *Akasha Chronik* (im Detail festgehaltene Taten aller Menschen) eines jeden von uns, und dazu gehören auch Seelenverträge und vergangene Inkarnationen. Sie müssen jedoch nicht an Reinkarnation glauben, um von der Erfahrung der heilenden Past Life-Arbeit Raziels zu profitieren.

Raziel hilft Ihnen, sich an alle Lektionen zu erinnern, die Ihre Seele im Laufe der Zeit angesammelt hat, und diese in anwendbare Energie für Ihre heutige Lebensaufgabe zu komprimieren. Darüber hinaus hilft Raziel bei der Heilung von schmerzhaften Erinnerungen und vergangenen Traumata, vor allem wenn sie Ängste hervorrufen bezüglich der Erfüllung Ihrer Lebensaufgabe. Darüber hinaus kann Raziel Ihnen helfen, alle störenden Eide und Schwüre aufzulösen, die Sie vielleicht in früheren Lebenszeiten abgelegt haben, wie zum Beispiel den Eid der Armut, Selbstaufopferung oder Keuschheit.

Wenn Sie in Ihrem jetzigen Leben von den Auswirkungen dieser Art von Schwüren frei sein wollen, wenden Sie sich an Raziel mit der Bitte, sie aufzulösen, indem Sie sagen:

»Lieber Erzengel Raziel, ich bin bereit, alle Eide
der Armut, Selbstaufopferung und Keuschheit
loszulassen. Ich bitte dich, mir zu helfen, alle Wirkungen
dieser Schwüre in alle Richtungen der Zeit und
für alle Beteiligten ungeschehen zu machen.«

Dieses Gebet wird normalerweise alle wiederkehrenden negativen Muster beenden, die mit Geld und Liebesbeziehungen zu tun haben, was in der Regel in größerer Selbstachtung und einem stärkeren Selbstwertgefühl resultiert.

In diversen Untersuchungen hat sich gezeigt, dass Past-Life-Therapie Suchtverhalten und Phobien reduziert oder ganz beseitigt, Wohlbefinden und Glücksgefühle steigert und bei Beziehungsproblemen hilft.

Tia Spanelli zum Beispiel hatte sich immer zu Männern mit dunklen Haaren, blauen Augen, heller Haut und einem ausländischen Akzent hingezogen gefühlt. Leider gab es jedoch in der Gegend, wo Tia aufwuchs, keine Männer, zu denen diese Beschreibung passte. Sie sagt dazu: »Es war, als hätte ich mir in meiner Vorstellung diesen ›Traumtyp‹ zurechtfantasiert.«

Gleichzeitig hatte Tia große Angst davor, dass Männer sie sexuell ausbeuten könnten – eine Angst, für die es ihrer Erfahrung nach keinen Grund gab, da sie nie in irgendeiner Weise sexuell belästigt worden war.

Darüber hinaus entwickelte sie eine Leidenschaft für alles Französische und studierte alles, was sie zu diesem Thema finden konnte. Sie hatte keine Ahnung, woher diese Interessen und Phobien stammen konnten.

Tias Fragen wurden beantwortet, als sie sich eines Tages ein Tape über Erzengel Raziel anhörte. Sie erinnert sich, was als nächstes passierte:

»Meine Augen fingen in einer unkontrollierbaren Geschwindigkeit an, nach hinten zu rollen, so als würde ich in der Zeit zurückgehen. Im nächsten Moment saß ich nicht mehr an meinem Schreibtisch, sondern war nach Afrika transportiert. Ich bin mir nicht sicher, wann und wo es war, aber ich fand mich in einem Dorf wieder in einer, wie mir schien, frühen Phase der modernen Zeit.

Ich war ein Dorfmädchen – schlank, mit glatter mahagonifarbener Haut und kurzen Haaren. An meinem rechten Arm trug ich einen Armreif. Mein Kleid war hellbraun, eine Art Cocktailkleid, mit einer schmalen Schärpe um die Taille. Der Mann, in den ich mich verliebt hatte, war ein Soldat der französischen Armee. Er war nicht sehr groß, aber ein wenig größer als ich. Seine Uniform war blau, genau wie seine saphirblauen Augen.

Unsere Liebe war intensiv, endete jedoch so schnell wie sie begann, nachdem einer seiner Kameraden ihm zu unserem Liebesversteck im Dorf gefolgt war. Dieser Soldat verriet unsere Situation und unser Versteck seinen vorgesetzten Offizieren, was das Ende unserer Beziehung bedeutete. Ich wurde gefangen genommen und in vielfacher Weise missbraucht, was zu meinem frühzeitigen Tod führte.

Nach dieser Vision ›wachte ich auf‹ und war wieder zurück an meinem Schreibtisch. Ich war von Gefühlen überwältigt, und die Tränen standen mir in den Augen. Doch jetzt weiß ich, warum ich mich schon in jungen Jahren zu einem bestimmten Typ Mann hingezogen fühlte, warum ich in der High School und im College Französisch anderen Sprachen vorgezogen habe und warum ich immer schreckliche Angst davor hatte, missbraucht zu werden, obwohl es keinen Grund dafür gab.«

Heute ist Tia diese Angst los, dank ihrer Einsicht und persönlichen Erfahrung.

DIE GEHEIMNISSE DES UNIVERSUMS

»Lieber Erzengel Raziel, ich bitte dich,
mich über Gott, die universale Weisheit und
die Geheimnisse des Universums zu unterrichten,
vor allem in Bezug darauf, wie ich ein
friedvolleres Leben führen kann.«

Als Erzengel der Geheimnisse, esoterischen Information und Weisheit ist Raziel von Natur aus der perfekte Lehrer. Daher können Sie ihm jede Frage stellen, genauso wie Sie es bei einem Mentor tun würden.

Tanya Snyman freute sich über positive Resultate, als sie Erzengel Raziel einige Fragen stellte. Sie erhielt sehr klare Führung, als sie ihm vor Kurzem schrieb: »Was hält meine Zukunft für mich bereit?«

Dann schrieb Tanya die Gedanken und Gefühle auf, die sie als Antworten von Raziel erhielt:

Du befindest dich auf deinem Weg. Es gibt keine Rich-
tung. Keinen richtigen oder falschen Weg. Du bist ein-
fach hier, auf deinem Weg. Hier und jetzt ist es, wo

*du sein musst. Es gibt nichts anderes, was du wissen
oder woran du dich erinnern musst. Außer einfach auf
deinem Weg zu ›sein‹. Alles wird sich entsprechend dem
göttlichen Plan und Timing enthüllen. Du musst dir
jetzt keine Gedanken darüber machen. In diesem Moment bist du im Frieden. In diesem Moment weißt du
alles, was es zu wissen gibt. Dieser Moment ist Leben.
Dieser Moment ist wichtig.*

*Dies ist das kostbarste und größte Geschenk des Le-
bens. In der Gegenwart zu leben. In der Gegenwart zu
sein. Die Gegenwart ist es, wo sich alle Gelegenheiten
bieten und alle Tore zum Leben und zur Liebe sich
öffnen. Fühle dieses Gefühl in deinem Herzen. Dieses
starke, wissende, liebevolle Gefühl. Dieses Gefühl, das
dich im Hier und Jetzt hält. Es hilft dir, deine Arbeit
auf diesem Planeten zu tun.*

Erzengel Raziel erweckt in uns das Wissen um
unsere Vergangenheit und die esoterische Weisheit des Universums. Im nächsten Kapitel werden
wir Erzengel Raguel begegnen, der uns hilft, diese
heilende Weisheit in unseren heutigen Beziehungen in die Tat umzusetzen.

Raguel

»Lieber Erzengel Raguel, danke,
dass du alle meine Beziehungen harmonisierst
und mir hilfst, mir selbst und allen anderen
ein guter Freund zu sein.«

Raguel ist auch bekannt als: Raguil, Rasuil,
Reuel, Ruhiel, Ruagel oder Ruahel
Raguels Name bedeutet: »Freund Gottes«.

Erzengel Raguel wird besonders in dem apokryphen
Buch Enoch erwähnt und als einer der sieben wichtigs-
ten Erzengel aufgeführt. Raguel gilt als Erzengel der
Ordnung, Fairness, Harmonie und Gerechtigkeit.

Außerdem regelt er die Beziehungen zwischen Engeln und Menschen.

Im Buch Enoch brachte Raguel all jene vor Gericht,
die Gottes Willen missachteten.

Der Erzengel für Harmonie in Beziehungen

»Danke, Erzengel Raguel, dass du meine Beziehung mit …(Name der Person) heilst und uns beiden hilfst loszulassen, zu vergeben und Mitgefühl zu haben für die Sichtweise des anderen.«

Wie die Bedeutung seines Namens »Freund Gottes« impliziert, ist Raguel der Engel, an den Sie sich mit dem Wunsch nach harmonischen Beziehungen wenden sollten. Er stellt Vergebung, Frieden und Ruhe zwischen Menschen her und heilt Missverständnisse.

Darüber hinaus kann er Ihnen helfen, wundervolle Freunde in Ihr Leben zu bringen, die Sie mit Respekt und Würde behandeln. Im Laufe der Jahre habe ich viele Geschichten gehört, in denen Raguel auf wundersame Weise half, Streitigkeiten beizulegen.

Zum Beispiel sagt eine Frau namens Stevie jeden Abend vor dem Einschlafen zu Erzengel Raguel: »Bitte heile alle meine Beziehungen, die Heilung brauchen, und stärke jene, die mir wichtig sind.« Diese Bitte erfüllte sich erst kürzlich wieder, als sie und ihre beste Freundin einen Streit hatten. Stevies Freundin ging sogar so weit, dass sie nicht mehr mit ihr sprach!

Stevie wusste nicht, wie sie diese Situation heilen konnte, also bat sie Erzengel Raguel, die Beziehung zu harmonisieren und ihre Aufgabe deutlich zu machen, damit sie und ihre Freundin das Problem lösen konnten. Am nächsten Tag fühlte Stevie ein Nachlassen der Spannung zwischen ihr und ihrer Freundin. Beide waren plötzlich in der Lage, ein offenes Gespräch zu führen und das Missverständnis zu beseitigen, und heute ist ihre Freundschaft fester denn je.

Erzengel Raguel bringt Harmonie in alle Beziehungen, egal ob es sich um Freundschaft, Liebe, Familie oder geschäftliche Kontakte handelt. Manchmal heilt er die Beziehung umgehend, und zu anderen Zeiten wird er Ihnen intuitive Führung senden. Sie werden diese Führung als sich wiederholendes Bauchgefühl, Gedanken, Visionen oder Zeichen erkennen, die Sie anleiten, positive Schritte in Ihren Beziehungen vorzunehmen.

Als Maria de los Angeles Duong (die bereits im Kapitel »Jophiel« erwähnt wurde) und ihr Mann mit Infertilitätsproblemen kämpften, führte dies zu einer großen Spannung zwischen ihnen, was sich sehr negativ auf ihre Beziehung auswirkte. Also begann Maria Erzengel Raguel anzurufen mit der Bitte, ihre Beziehung zu entspannen und wieder harmonisch zu machen. Sofort merkte sie, wie sie und ihr Mann sich plötzlich wieder besser verstanden. Mit Raguels Hilfe waren sie in der Lage, ihre Probleme auf eine friedlichere Weise zu lösen, die für beide fair war.

Maria konnte nicht ahnen, dass Raguel ihr weiterhin persönlich beistehen würde.

Als sie vor einiger Zeit einen Schwangerschaftstest machte, mit positivem Resultat, war sie überglücklich!

Leider hatte sie wenige Tage später eine Fehlgeburt. Sie können sich vorstellen, wie verzweifelt die junge Frau war!

Um ihr Herz und ihren Körper zu heilen, buchte Maria eine Session mit einer intuitiven Heilerin. Während der Session sagte die Therapeutin: »Ich sehe einen männlichen Engel. Er sagt, sein Name ist Raguel, der Engel der Hoffnung, und er ist jetzt bei Ihnen.«

Die Heilerin fragte sie, ob sie jemals von einem Engel namens Raguel gehört hatte, und da wusste Maria, dass der Engel ihr half, ihre Hoffnung nicht aufzugeben, dass sie und ihr Mann eines Tages ein Baby haben würden.

Erzengel Raguel kann Ihnen bei allen Aspekten Ihrer Beziehungen helfen, einschließlich Ihrer Beziehung *mit sich selbst*. Das nächste Kapitel handelt von Erzengel Jeremiel, der ebenso ein heilendes Licht auf Ihr inneres Selbst scheinen lässt.

Jeremiel

*»Lieber Erzengel Jeremiel, danke, dass du mir hilfst,
klare spirituelle Visionen der göttlichen Führung
zu empfangen, die mich optimal auf dem Weg
meiner Lebensaufgabe führen.«*

Jeremiel ist auch bekannt als: Eremiel, Ramiel,
Remiel oder Jerahmeel
Jeremiels Name bedeutet: »Gnade Gottes«.

Erzengel Jeremiel wird sowohl von den östlichen orthodoxen Traditionen anerkannt als auch in mehreren
nicht-kanonischen und koptischen Schriften wie zum
Beispiel im Buch 2 Esdras erwähnt. Hier werden Konversationen zwischen dem Engel und Ezra und später
Zephania skizziert.

Jeremiel erklärt dort, dass er über die Seelen der Verstorbenen während der großen Sintflut wacht.

Im äthiopischen Buch Enoch wird Jeremiel als einer
der sieben Erzengel aufgeführt und häufig als Ramiel
bezeichnet. In diesem heiligen Text und im nicht-kanonischen Buch 2 Baruch ist Jeremiel (Ramiel) der Engel
der Hoffnung, der den Seelen hilft, die dabei sind, in
den Himmel aufzusteigen, und sie mit göttlichen Visionen inspiriert.

Aufgrund seiner Fähigkeit, spirituelle Visionen hervorzurufen, ist Jeremiel ein wundervoller Engel, an den Sie sich wenden können, wenn Sie auf der Suche nach Inspiration sind. Außerdem können Sie ihn bitten, Ihre hellsichtigen Fähigkeiten und Träume zu erwecken.

LEBENSRÜCKBLICKE

Es wird gesagt, dass Erzengel Jeremiel soeben hinübergegangenen Seelen hilft, sich ihr Leben noch einmal anzuschauen, bevor sie in den Himmel aufsteigen.

Darüber hinaus kann er allen helfen, die ihn bitten, sich Klarheit über ihr gegenwärtiges Leben zu verschaffen. Mit anderen Worten: Sie müssen nicht auf Ihren physischen Tod warten, um einen Lebensrückblick zu erfahren. Erzengel Jeremiel kann Sie unterstützen, während Sie eine Inventur Ihrer Aktionen vornehmen und Ihre Pläne für die Zukunft entsprechend adjustieren.

Zum Beispiel wusste Melanie Orders, dass es ihre Aufgabe war, Heilerin zu sein, doch sie war einfach nicht sicher, welche Richtung sie diesbezüglich einschlagen sollte. Also bat sie um Führung und zog eine Karte aus dem »Erzengel-Orakel«-Deck. Die Karte zeigte Erzengel Jeremiel, der empfahl, einen Lebensrückblick vorzunehmen.

Melanie nahm sich diese Botschaft zu Herzen und beschloss, dies mit der Hilfe des Erzengels *tatsächlich* zu tun. Sie begab sich an einen ruhigen ungestörten Platz und meditierte. Erzengel Jeremiel kam sofort zu ihr und nahm sie mit auf einen Lebensrückblick, so als würde sie sich einen Film ihrer persönlichen Geschichte anschauen.

Zunächst erfuhr Melanie sich selbst als eine Seele vor der Geburt, und sie gewann Einblick in die Gründe, warum sie die Entscheidung getroffen hatte, zu diesem Zeitpunkt geboren zu werden. Als nächstes sah sie sich selbst als Kind, das an Feen glaubte und überzeugt war, dass sie selbst auch fliegen konnte. Sie sah ihre Freundinnen aus der Kindheit und erkannte, dass sie alle ihrem Aussehen und Verhalten nach wie kleine Meerjungfrauen waren.

Jeremiel zeigte Melanie ihre gesamten spirituellen Erfahrungen und Lektionen, die sie während der Kindheit und Jugendzeit gesammelt hatte, einschließlich der von ihr selbst geschriebenen New-Age-Bücher, ihrer Malkurse und auch der Yogastunden, die sie genommen hatte. Er zeigte ihr, wie sie sich seit jeher zu Massage und alternativen Heilmethoden hingezogen gefühlt hatte.

Dank dieses Lebensrückblicks fühlte Melanie sich jetzt klarer und sicherer bezüglich ihrer Aufgabe als Heilerin.

Darüber hinaus half Jeremiel einige Zeit später Melanie und ihrer Familie, als ein verärgerter ehemaliger Mitarbeiter anfing, drohende Botschaften auf ihrem Anrufbeantworter zu hinterlassen und ihr aus Rachsucht nachstellte. Melanie bekam es mit der Angst zu tun und bat den Erzengel um Hilfe.

Als sie eines Abends meditierte, hatte Melanie die Vision eines herrlichen Engels, der auf sie zukam. Er schien so ruhig, und er strahlte eine große Liebe aus. Sie wusste sofort, dass es Erzengel Jeremiel war, der ihr geholfen hatte, als sie nicht wusste, wie sie ihre Lebensaufgabe realisieren konnte.

Seine liebevolle Energie beruhigte sie.

Jeremiel übermittelte Melanie, dass alles gut werden würde. Er sagte: »Sende dem Mann und seiner Familie einfach weiterhin Liebe; und auch dir selbst, deinem Mann und deiner eigenen Familie.« Jeremiel forderte Melanie auf, stark zu bleiben und ihm alle Sorgen und Wut zu übergeben.

Jede Nacht erschien der Erzengel Melanie, er strahlte Licht aus und bat sie, die Situation als gelöst zu visualisieren.

Ungefähr eine Woche später sah Melanies Vater den ehemaligen Mitarbeiter und sprach ihn auf sein Verhalten an. Der Mann entschuldigte sich und sagte, dass er einen neuen Job habe und jetzt wieder glücklich sei. Seit jenem Tag hat er Melanie und ihre Familie nicht mehr belästigt.

Melanie ist sehr dankbar dafür, dass Jeremiel stets verfügbar und bereit ist, ihr zu helfen, Geduld, Frieden und Ruhe zu finden.

*J*eremiel ist ein Mentor und Lehrer, der uns zeigt, wie wir uns selbst und andere mit den Augen der Liebe sehen können. Im nächsten Kapitel werden wir Erzengel Zadkiel näher kennenlernen, der uns hilft, uns an unser göttliches Erbe zu erinnern.

Zadkiel

»Lieber Erzengel Zadkiel, danke,
dass du mir hilfst, mich daran zu erinnern,
dass ich ein gesegnetes Kind Gottes bin.«

Zadkiel ist auch bekannt als: Sachiel, Tzadkiel,
Zachariel oder Hesediel
Zadkiels Name bedeutet: » Gerechtigkeit Gottes«.

Zadkiel wird in jüdischen rabbinischen Schriften als der
Erzengel beschrieben, der Vergebung und Mitgefühl in
den Menschen inspiriert.

In der Kabbalah herrscht Zadkiel (als Tzadkiel) über
die vierte Sephirah – oder *Chesed* – am Baum des Lebens. Die Chesed-Spähre bezieht sich auf das Praktizie-
ren bedingungsloser Freundlichkeit und Liebe als Manifestation Gottes auf der Erde.

Zadkiel ist einer der sieben Erzengel sowohl in der
gnostischen Tradition als auch in den pseudo-diony-
sischen Texten. Unter seinem alternativen Namen Zachariel wurde er vom Heiligen Papst Georg als einer
der sieben Erzengel identifiziert.

HILFE FÜR
SCHÜLER UND STUDENTEN

*»Lieber Erzengel Zadkiel, danke,
dass du mir hilfst, mich an alle
Informationen zu erinnern, die ich in
Bezug auf …* (nennen Sie das Thema)
wissen muss.«

Zadkiel ist seit jeher als der »Engel der Erinnerung« bezeichnet worden, der Schüler und Studenten und jedem anderen helfen kann, sich an Fakten und Zahlen zu erinnern.

Als zum Beispiel Celia Salazar die Prüfung zur zertifizierten Ingenieurin nicht bestand, war sie am Boden zerstört. Als sie sich darauf vorbereitete, die Prüfung zu wiederholen, merkte Celia, wie nervös und unvorbereitet sie sich in Wahrheit fühlte. Zum Glück lernte sie von ihrer Schwester Mary, wie sie Erzengel Uriel (der Engel der Weisheit) und Zadkiel bitten konnte, ihr zur Seite zu stehen.

Als der Zeitpunkt für Celias zweite Prüfung nahte, bat sie Uriel und Zadkiel um Hilfe und Führung. Im nächsten Moment hörte sie einen klingelnden Ton in ihren Ohren, den sie der Präsenz und Führung der Erzengel zuschrieb. Außerdem empfand Celia ein ungeahntes Gefühl von Frieden und Selbstvertrauen. Und an Stelle der vorgesehenen acht brauchte Celia für ihr Examen nur sechs Stunden.

Beim ersten Examen litt Celia die ganze Zeit unter heftigen Kopfschmerzen und Anspannung. Doch mit der Hilfe von Uriel und Zadkiel war sie bei ihrem zweiten Versuch voller Vertrauen in ihre Fähigkeit, das Examen zu bestehen. Und natürlich bestand sie es!

HEILUNG UNSERER ERINNERUNGEN

*»Danke, Erzengel Zadkiel, dass du mir hilfst,
mich auf meine schönen Erinnerungen zu
fokussieren und den Rest loszulassen.«*

Zadkiels zweifacher Fokus auf Vergebung und Erinnerung kann Ihnen helfen, emotionalen Schmerz aus Ihrer Vergangenheit zu heilen. Der Erzengel kann mit Ihnen arbeiten, alte Wut oder das Gefühl, Opfer zu sein, loszulassen, damit Sie sich an Ihre göttliche Lebensaufgabe erinnern und sie realisieren können. Indem Sie Zadkiel um emotionale Heilung bitten, wird er Ihren Fokus weg von schmerzhaften Erinnerungen und hin zu der Erinnerung an die schönen Momente in Ihrem Leben verlagern.

Linda Sue Blaylock liebt es, den Kontakt mit Erzengel Zadkiel herzustellen, und während ihrer Meditationen empfängt sie häufig profunde Botschaften von ihm. Kürzlich schrieb sie einige dieser Botschaften auf, bei denen es um die Kontaktaufnahme mit anderen Menschen geht.

Sei nicht ängstlich, weder mit dir selbst noch mit anderen. Die Zeit ist gekommen, sich mit anderen in Liebe zu verbinden.

Achte auf all die neuen Seelen, die jetzt in deine Sphäre kommen! Wisse, dass sie aus einem bestimmten Grund in euer Leben kommen, genau wie du aus einem bestimmten Grund in ihr Leben kommst.

Jeder hat etwas anzubieten und mit anderen zu teilen, und das gilt auch für dich!

Die Einzigartigkeit jedes Menschen ist etwas, das geschätzt und geachtet werden sollte, anstatt es zu verurteilen. Schaut euch eure Unterschiede an und zelebriert das Lernen und Teilen, das zwischen euch möglich ist.

Ihr werdet erstaunt sein von den neuen Erfahrungen und der Hilfe, die in euer Leben kommen wird.

Zadkiel riet Linda Sue, bezüglich Personen aus ihrer Vergangenheit, die erneut in ihrem Leben auftauchten, offen zu bleiben, anstatt ihnen mit Vorbehalten zu begegnen.

Er empfahl ihr, die alten emotionalen Wunden zu heilen und versprach:

»Diese energetische Veränderung wird immens sein, und das Universum wird zu einer friedlicheren, liebevolleren Umgebung erblühen – eine Realität, die sich so viele ersehnen.«

*E*rzengel Zadkiel ist ein großartiger Heiler des Geistes, der Sie sanft an der Hand führt, damit Sie die Verantwortung für Ihr eigenes Glück überneh-men. Im Nachwort werden Sie zusätzliche Erzen-gel treffen, an die Sie sich nach Wunsch wenden können oder mit denen Sie arbeiten möchten.

Nachwort

Andere bemerkenswerte Erzengel

Es gibt Hunderte, vielleicht Tausende von Erzengeln in diesem Universum. In den alten jüdischen Schriften heißt es, dass jedes Mal, wenn Gott spricht, ein Erzengel kreiert wird. Die große Mehrheit dieser Engel und Erzengel ist hilfreich, liebevoll, vertrauenswürdig und wohlmeinend. Wenn Sie wissen möchten, ob Sie einem dieser Engel vertrauen können, forschen Sie nach und vertrauen Sie den Reaktionen Ihres Körpers auf den Namen des Engels.

Wenn Sie sich bei der Kontemplation entspannt und froh fühlen, ist das ein gutes Zeichen! Sollten Sie irgendwelche unangenehmen Empfindungen im Zusammenhang mit einer Person, einem Spirit, einem Engel oder anderen Wesenheiten haben, dann beachten Sie bitte diese rote Flagge und gehen Sie diesem Wesen in Zukunft aus dem Weg.

Da dies ein Einführungsbuch über die Ebene der Erzengel ist, habe ich die Entscheidung getroffen, mei-

nen Fokus auf fünfzehn meiner Lieblings-Erzengel zu richten. Es gibt jedoch viele andere, die Sie vielleicht erforschen und mit denen Sie in Verbindung treten möchten, wie zum Beispiel diese seit alters her geehrten und vertrauenswürdigen Erzengel.

Barachiel, Baradiel oder Baraqiel: Einer der sieben Erzengel der russisch-orthodoxen Glaubensrichtung und im Buch Enoch beschrieben, schützt er vor Hagelstürmen, buchstäblich und im übertragenen Sinn.

Wenden Sie sich an Barachiel, wenn Sie besondere Kraft brauchen, um weitergehen zu können.

Jegudiel oder Jehudiel: Dieser gnostische und russisch-orthodoxe Erzengel hilft und unterstützt jene, die schwere Zeiten erdulden oder hart für die Erfüllung ihrer göttlichen Lebensaufgabe arbeiten müssen. Er beschützt und führt alle, die sich der Arbeit für die Glorie Gottes verpflichtet haben.

Auf Gemälden wird Jegudiel mit einem goldenen Kranz in der Hand dargestellt.

Sealtiel oder Selaphiel: Dieser Erzengel ist ein Fürsprecher der Menschen bei Gott, der uns hilft, auf unsere Gebete fokussiert zu bleiben, damit wir aus ganzem Herzen beten, ohne uns ablenken zu lassen.

Sealtiel ist einer der sieben gnostischen Erzengel und wird im 3. Buch Esdras beschrieben.

Tzaphkiel oder Zaphkiel: Dieser Erzengel präsidiert über die *Binah*-Sphäre in der *Sephirot* des *Baums des Lebens* in der Kabbalah.

Binah ist das heilige weibliche Gefäß des Verstehens und intuitiven Denkens.

Zerachiel: Einer der sieben Erzengel, die im 1. Buch Enoch erwähnt werden, ist Zerachiel ein Erzengel, der zuständig für das Leben nach dem Tod ist und der über missbrauchte Kinder wacht.

Sein Name bedeutet »Befehl Gottes«.

ANHANG

Spezialitäten
der Erzengel

Michael – Schutz, Mut, Selbstvertrauen und Sicherheit; Führung bezüglich der persönlichen Lebensaufgabe; Reparieren mechanischer und elektronischer Gegenstände.

Raphael – Heilung von Menschen und Tieren; Führung von Heilern während ihrer Ausbildung und Praxis; Führung und Schutz für Reisende; Kontakt mit Ihrem Seelengefährten.

Gabriel – Überbringer wichtiger und klarer Botschaften; hilft jenen, die als Boten tätig sind (Lehrer, Schriftsteller, Journalisten, Dichter, Schauspieler und Maler); hilft Eltern bei allen erzieherischen Aspekten sowie bei Empfängnis, Adoption und Geburt.

Uriel – Intellektuelles Verständnis; Konversationen; Ideen, Einsichten und Epiphanien; Studium, Schule und Examen; Schreiben und Reden.

Chamuel – Kontakt mit Natur, Tiere und Naturgeistern (zum Beispiel Feen); Manifestation Ihrer weltlichen materiellen Bedürfnisse; Führung hinsichtlich ei-

ner Karriere oder Berufung im Bereich Umweltschutz
oder Tierschutz.

Metatron – Heilige Geometrie und esoterische Heilungsarbeit; Zusammenarbeit mit den universalen Energien, einschließlich Zeiteinteilung und »Zeitschrump-
fung«; hilft hochsensitiven Menschen (vor allem den
jungen, die oft als *Indigos* oder *Kristallkinder* bezeichnet werden).

Sandalphon – Empfang und Weitergabe von Gebeten
zwischen Gott und den Menschen; Führung und Unterstützung für Musiker.

Azrael – Heilt die Trauernden; hilft Seelen, auf die andere Seite hinüberzugehen; assistiert den Trauerbera-
tern.

Jophiel – Verschönert und erhebt Ihre Gedanken und
Gefühle; entfernt Unordnung und Überflüssiges aus
Ihrem Leben.

Haniel – Erweckt Ihre spirituellen Gaben der Intuition
und Hellsichtigkeit und hilft Ihnen, diesen zu vertrauen; hilft, das Alte loszulassen; Hilfe und Heilung
der physischen und emotionalen Gesundheitsproble-
me bei Frauen.

Raziel – Verständnis der Geheimnisse des Universums; Erinnerung und Heilung bezüglich vergangener Inkarnationen; Verständnis esoterischer Weisheit, wie zum Beispiel Trauminterpretation.

Raguel – Heilt Argumente oder Missverständnisse; bringt Harmonie in alle Situationen und wundervolle neue Freunde in Ihr Leben.

Jeremiel – Entwicklung und Verständnis spiritueller Visionen und Hellsichtigkeit; Durchführung eines Lebensrückblicks, damit Sie Adjustierungen vornehmen können im Hinblick darauf, wie Sie zu leben wünschen.

Zadkiel – Hilft Studenten und Schülern, sich an Fakten und Zahlen zu erinnern; heilt schmerzhafte Erinnerungen; hilft Ihnen, sich an Ihre göttliche spirituelle Herkunft und Missionen zu erinnern; wählt stets Vergebung anstatt Verurteilung.

Farbe
der Glorienscheine
der Erzengel

Michael	–	Königliches Lila, Königsblau und Gold
Raphael	–	Smaragdgrün
Gabriel	–	Kupferfarben
Uriel	–	Gelb
Chamuel	–	Hellgrün
Ariel	–	Blassrosa
Metatron	–	Violett und Grün
Sandalphon	–	Türkis
Azrael	–	Crèmeweiß
Jophiel	–	Kräftiges Pink
Haniel	–	Hellblau (Mondlicht)
Raziel	–	Regenbogenfarben
Raguel	–	Gold
Jeremiel	–	Dunkelviolett
Zadkiel	–	Tiefes Indigoblau

Mit den Erzengeln assoziierte Kristalle und Halbedelsteine

Michael	–	Sugalit
Raphael	–	Smaragd und Malachit
Gabriel	–	Kupfer
Uriel	–	Amber
Chamuel	–	Fluorit
Ariel	–	Rosenquarz
Metatron	–	Wassermelonen-Turmalin
Sandalphon	–	Türkis
Azrael	–	Gelber Kalzit
Jophiel	–	Rubelit oder dunkelrosa Turmalin
Haniel	–	Mondstein
Raziel	–	Klarer Quarzkristall
Raguel	–	Aquamarin
Jeremiel	–	Amethyst
Zadkiel	–	Lapislazuli

Mit den Erzengeln assoziierte astrologische Zeichen

Michael, Raphael und **Haniel** –
die Aufseher über alle anderen Engel

Gabriel – *Krebs*,
der fürsorgliche und hart arbeitende Elternteil

Uriel – *Wassermann*,
der Denker und Analytiker

Chamuel – *Stier*,
der geduldig findet, was gesucht wird

Ariel – *Widder*,
der unbeschwerte, sorglose, glückliche Geist

Metatron – *Jungfrau*,
der hart arbeitende, fleißige, erfinderische,
neugierige, ernste Perfektionist

Sandalphon – *Fische*,
der feinsinnige Träumer

Azrael – *Steinbock,*
der Heiler, der sich mit Sterblichkeit und
Ende beschäftigt

Jophiel – *Waage,*
der Liebhaber von Schönheit und Ordnung

Raziel – *Löwe,*
der dramatische Regenbogen von Farben
und strahlendem Licht

Raguel – *Schütze,*
der gesellige Friedensstifter

Jeremiel – *Skorpion,*
der Wahrheit verpflichtet, ohne Angst
vor dem Schatten

Zadkiel – *Zwillinge,*
der gesellige und lernbegierige
Hans Dampf in allen Gassen

Das Hörbuch
zum Weltbestseller
»Die Hütte«

**WILLIAM
PAUL YOUNG**
Die Hütte
Ein Wochenende
mit Gott
6 CDs, 458 Min
€ 29,95 / sFr 42,90
ISBN 978-3-89903-
523-0

In einer Welt, in der Religion zunehmend
bedeutungsloser zu werden scheint, ringt »Die Hütte«
mit der zeitlosen Frage: »Wo ist Gott in einer Welt,
die so voll ist mit unaussprechlichem Leid?« Die Antworten, die William Paul Young gibt, werden Sie
in Erstaunen versetzen und vielleicht Ihr Leben
verändern. Ein Buch, das in den USA und auch hier-
zulande alle Bestsellerrekorde geschlagen hat. Gelesen
von Johannes Steck.

Die 21 wichtigsten Regeln für alle Besteller beim Universum

Diese goldenen Regeln enthalten die Essenz sämtlicher Bücher von Bärbel Mohr mit zahlreichen Tipps und Übungen.

Im Dialog mit der Seele

Allegria

HORST KROHNE
Geistheilung
Dialog mit der Seele
Geb. € [D] 18,00
€ [A] 18,50
sFr 32,90
ISBN 978-3-7934-2186-3

Horst Krohne

fragt nicht, warum wir krank werden, sondern wie wir gesund werden können. Das von ihm in diesem Buch dargelegte Prinzip der Geistheilung beruht auf der Vorstellung, dass durch geistige Beeinflussung und Unterstützung der Patient sein körpereigenes Energiefeld wieder in den gesunden Urzustand zurück versetzen kann. Im Mittelpunkt stehen dabei Krohnes Erfahrungen mit dem Chakra-System, zu dem er in diesem Buch die erstaunlichen Behandlungsergebnisse der letzten fünf Jahre verarbeitet.

Das spannendste Buch des neuen Jahrtausends

JAMES REDFIELD
Die zwölfte Prophezeiung
von Celestine
Deutsche Erstausgabe
Geb., 320 Seiten,
€ [D] 19,99
€ [A] 20,60, sFr 33,90
ISBN 978-3-7934-2205-1

Das Vermächtnis von Celestine birgt eine neue Einsicht, mit der die Welt verändert werden kann. Die Suche nach der Zwölften Prophezeiung entwickelt sich zum Kampf für eine freie, selbstbestimmte Spiritualität, die der Menschheit das Überleben sichern soll. Wer die Zwölfte Prophezeiung erfüllt, kann die Menschheit vernichten oder in eine neue Zukunft führen. Am Berg Sinai beginnt ein tödlicher Kampf zwischen den Fundamentalisten der alten Weltreligionen und einem kleinen Kreis von Menschen, die die wahre Botschaft von Celestine verstanden haben...